Friedrich Wagner
Bauten für die Universität

Friedrich Wagner
Bauten für die Universität

Universität Stuttgart
Institut für Baukonstruktion und Entwerfen, Lehrstuhl 2
Prof. Stefan Behling

architekturgalerie
am weißenhof

Impressum

Herausgeber

architekturgalerie am weißenhof
Am Weißenhof 30, 70191 Stuttgart

Prof. Stefan Behling, Peter Seger

Universität Stuttgart
Fakultät 1 Architektur und Stadtplanung
Institut für Baukonstruktion und Entwerfen
Lehrstuhl 2

Redaktion
Stephan Birk, Stuttgart

Erschienen anläßlich der Ausstellung
Friedrich Wagner
Bauten für die Universität
architekturgalerie am weißenhof

Kuratoren
Wolfgang Schwarz, Kyra Bullert

Gestaltung
Finken & Bumiller, Stuttgart
Dirk Wagner

Katalogreihe der architekturgalerie am weißenhof
Spurbuchverlag, Baunach 2007
ISBN: 978-3-88778-313-6

Inhalt

006 **Vorwort** | Stefan Behling

008 **Bauen mit Wagner** | Klaus Schmiedek
018 **Die Gruppe Wagner** | Dieter Schaich
023 **Chicago** | Cathal O'Neill
032 **»Man wird ja noch was tun dürfen«** | Harald Egger
036 **In der Lehre** | Friedrich Grimm
041 **Zusammenarbeit in der Holzbaracke** | Matthias Loebermann
045 **Bauherr und Architekt** | Klaus Herrmann
048 **Blanke Aluminiumfassaden** | Friedrich Wagner
053 **Im Gespräch** | Stefan Behling, Jürgen Braun, Peter Seger und Stephan Birk

068 **Werkverzeichnis**

Bauten in Bild und Text
072 Hörsaalprovisorium für die Technische Hochschule Stuttgart, 1962
080 Staatliche Materialprüfungsanstalt (MPA) Stuttgart, 1962—69
092 Prototyp eines Systems addierbarer Dacheinheiten aus leichten Flächentragwerken, Stuttgart, 1969—70
096 Raumzellen für Kleinbauten, Stuttgart, 1969—70
098 Großkomponenten-Prüfhalle der MPA Stuttgart, 1973—80
104 Prüfstelle für Heizungs-, Lüftungs- und Klimatechnik der Institutsgemeinschaft Stuttgart, 1978-79
110 Datenverarbeitungs- und Technologietransfer-Zentrum der MPA Stuttgart, 1983—84
114 MPA Komponentenprüfhalle 2 in Stuttgart, 1987—89
122 Verfügungsgebäude Universität Hohenheim, 1991—93
132 Deutsches Landwirtschaftmuseum Hohenheim, 1995—96

141 Biographie und Auszeichnungen
142 Abbildungsnachweis

Vorwort

Stefan Behling

Es war im Jahre 1995, als ich Friedrich Wagner zum ersten Mal begegnete. Professor Wagner hatte den Lehrstuhl 2 des Instituts für Baukonstruktion und Entwerfen an der Universität Stuttgart drei Jahre lang kommissarisch geleitet, nachdem Professor Peter C. von Seidlein emeritiert worden war. Er übergab mir den Lehrstuhl in hervorragendem Zustand, das Lehrkonzept der integrierten Lehre, das als beispielhaft galt, und ein Lehrstuhl-Team, das über die Grenzen Stuttgarts hinaus bekannt war. Während ich, damals 32 Jahre jung und völlig ohne Erfahrung als Professor, fast nichts wusste, war Friedrich Wagner mit seinen 61 Jahren ein erfahrener Architekt und Hochschullehrer, der nahezu alles kannte und wusste. Und er war so weise, dass er mich dies nie hat merken lassen. Seit diesem Tag lerne ich kontinuierlich von ihm. Dafür möchte ich ihm an dieser Stelle von Herzen danken.

In den folgenden Jahren, an beinahe jedem Donnerstag, haben wir gemeinsam Dutzende von Lehrveranstaltungen durchgeführt und in Rundgängen und Betreuungsgesprächen unzählige Studierende beraten und angespornt. Der Höhepunkt unter den Lehrveranstaltungen ist der »Integrierte Entwurf« im Hauptstudium. Dabei bearbeiten jeweils zwei Studierende einen komplexen Entwurf vom Konzept bis zum Detail. Dies geschieht unter Mitwirkung der Fachgebiete Tragwerksplanung sowie Gebäude- und Energietechnik und wird interdisziplinär mit Industriepartnern, Fachleuten aus der Forschung und der Bauindustrie durchgeführt. Da wir der Meinung sind, dass die Fähigkeit interdisziplinär zu arbeiten eine der wesentlichen Voraussetzungen ist, um den Beruf des Architekten erfolgreich auszuüben, sind die gemeinsamen Betreuungen und Rundgänge im Laufe dieser Lehrveranstaltungen nicht nur hervorragende Simulationen des zukünftigen Arbeitens als Architekt, sondern auch ein »Happening« für alle Beteiligten, bei dem auf höchstem Niveau über Sinn und Unsinn von Konzepten, Konstruktion und Details debattiert wird.

Insbesondere die Diskussionen zwischen Herrn Wagner und Herrn Eisenbiegler, der jahrelang die Tragwerksplanung vertreten hat, bleiben unvergesslich — ich persönlich habe unendlich davon profitiert.
Friedrich Wagner fühlt sich in jedem Maßstab wohl: Ob es der geometrisch hochkomplexe Knoten eines demontablen Trennwandsystems ist, die Analyse der Translationsfläche einer zweifach gekrümmten Konstruktion einer Studienarbeit oder die Tragstruktur eines Wolkenkratzers. Er dringt meist schneller und tiefer in die Probleme ein als andere. Seine Kritik ist präzise und direkt, seine Diskussionsbeiträge sind leidenschaftlich, aber stets fair. Er ist ein großartiger Architekturlehrer und eine zentrale Persönlichkeit an unserem Institut. Ich wünsche mir, dass das noch viele Jahre so bleibt.

Der Architekt Wagner: In der ehemaligen Baubaracke für die MPA Stuttgart — einem Provisorium auf dem Universitätscampus in Vaihingen, das ihm seit nahezu 40 Jahren als Büro dient — arbeitet er mit der Präzision eines Uhrmachers und der Leidenschaft eines Künstlers bis spät in die Nacht an Alternativen und Varianten, verbessert und optimiert jeden Entwurf und jedes Detail so lange, bis endlich ein ästhetisch-technisches Equilibrium erreicht ist, welches seinen hohen Ansprüchen gerecht wird.

Die klar und logisch aufgebauten Bauwerke sind weit mehr als rationale und durch ihre Funktion bestimmte Zweckbauten. Es sind Bauwerke von hoher architektonischer Qualität und Kompositionen, die höchsten ästhetischen Ansprüchen genügen. Die Liebe zur Proportion und zur Faszination des Rhythmus, zum Material, zur Struktur seiner Oberflächen, sind treibende Kräfte in der Architektur von Friedrich Wagner. Das Ziel ist dabei immer, aus der Aufgabenstellung heraus und gegen alle Sachzwänge, seien sie finanzieller, zeitlicher oder sonstiger Natur, ein Mehr an technischer und — häufig daraus resultierend — vor allem gestalterischer, architektonischer Qualität zu schaffen. Dass die Gebäude wirtschaftlich und funktional sind und für den Bauherrn das Maximum erreichen, ist für den Architekten Friedrich Wagner selbstverständlich.

Dieses Buch hat die Absicht, dem Leser nicht nur einen Einblick in die Bauten Friedrich Wagners zu vermitteln, sondern vor allem auch in seine Arbeitsweise als Architekt, Lehrer, Forscher, Konstrukteur, Erfinder und kompromissloser Ästhet.

Das Zustandekommen dieses Buches wäre nicht möglich gewesen ohne die Initiative von Dieter Faller und die freundliche Unterstützung der architekturgalerie am weißenhof. Stellvertretend möchte ich hier meinen Freund und Kollegen Professor Peter Cheret, aber auch Kyra Bullert, Wolfgang Schwarz und Andreas K. Vetter nennen. Besonderer Dank gilt Herrn Stephan Birk für die redaktionelle Arbeit an diesem Buch und meinem Kollegen Peter Seger, ohne dessen Koordination dieses Projekt nicht gedruckte Realität geworden wäre.

Und last but not least gilt mein Dank dem Universitätsbauamt Stuttgart sowie allen Autoren, Freunden und Kollegen, die bereit waren, an diesem Buch mitzuarbeiten, und deren Engagement einmalig war. Dies zeugt nicht nur von dem Respekt und der Achtung, die Friedrich Wagner als Architekt und Lehrer entgegengebracht wird, sondern auch von der Dankbarkeit und Sympathie, die viele ehemalige Studenten und Kollegen für den Menschen und Freund Friedrich Wagner empfinden.

Bauen mit Friedrich Wagner

Klaus Schmiedek

Friedrich Wagners Werk ist wohl einzigartig. Das Zusammentreffen einer Reihe besonderer Eigenschaften hebt es aus der großen Zahl anderer Architekten-Arbeiten heraus:
· es ist nicht groß — aber hochkarätig,
· es ist fast ganz allein von ihm entworfen und gezeichnet worden,
· und es wurde — wenn man so will — für einen einzigen Bauherren errichtet.

Es gibt auch andere Architekten mit kleinem Oeuvre und ausgezeichneten Arbeiten. Bei Friedrich Wagner kommen auf ein starkes Dutzend Häuser fünf Auszeichnungen, davon zwei Mies van der Rohe- und ein Bonatz Preis. Und was nicht ausgezeichnet wurde, war interessant genug, es in der Fachpresse zu publizieren, nicht nur hierzulande.
Noch weniger Parallelen weist die lebenslange Partnerschaft mit einem Bauherrn auf. In seinem Fall waren es das Land, der Bund und die beiden Universitäten in Stuttgart und in Hohenheim, — kurz: der öffentliche Bauherr. Dass aber jemand ein solches Werk als Einzelkämpfer durchsteht, ist vollends außergewöhnlich, wenn nicht einmalig.
Nach meinen Vorgängern, Adalbert Sack und Wolfgang Näser, mit denen die Zusammenarbeit begonnen hatte, war ich der nächste in der Reihe der Leiter des Universitätsbauamtes. Es war ein Glück für mich, die eingespielte Verbindung fortsetzen zu können, und ich bin froh, dass ich dazu beitragen konnte, dass noch einmal eine Handvoll guter Bauwerke entstand.

Die jahrzehntelange Partnerschaft hat sich aus der anfänglichen Zugehörigkeit Wagners zum Hochschulbauamt Stuttgart entwickelt, dem er von 1961—71 angehörte. Schon mit seinem »Erstling«, dem Hörsaalprovisorium im Stadtgarten, gelang ihm ein großer Wurf. Das weit gespannte Dachtragwerk, der stützenfreie Raum, verrieten seine Herkunft und wiesen ihn als Mies-Adepten aus. Das Gebäude und seine »Mall«, ein Stück gedeckten Wegs unter dem auskragenden Dach zwischen den Kollegiengebäuden und der Mensa, mit Blick auf Bibliothek und Rasenflächen, machte mit einem Schlag aus dem konturlosen Stadtgarten einen »Campus«, mit inspirierender Atmosphäre. Das Bild entsprach so sehr der Idealvorstellung der im Wiederaufbau begriffenen Hochschule, dass sie es so lange als Visitenkarte präsentierte, bis es vom neuen Campus in Vaihingen erste Luftbilder gab.

Als Nächstes folgte der Komplex der MPA, der Materialprüfanstalt für das Maschinenwesen im Pfaffenwald: ein zwölfgeschossiges Bürohochhaus und die Versuchshalle mit Dutzenden Prüfständen, Werkstätten, Lagern und Laboren. Was in Berg am Neckar im Laufe eines halben Jahrhunderts um das Ingenieur-Laboratorium von Carl Julius von Bach herum durch Neu- und Zu- und Umbauten zu einer Geschwulst von Hüttenwerken gewuchert war, wurde jetzt unter einem riesigen Dach auf über 10.000 qm Nutzfläche in geordneter Struktur zusammengefasst.

Hoch aufragend steht der Büroturm daneben, dessen oberste Etagen das Bauamt selbst bezog. Das sollte nicht von Anfang an so sein. Das MPA-Programm addierte sich nur zu acht Geschossen, — ein Stumpen, den zu bauen Friedrich Wagner, — ein Mann des Maßes, mit sicherem Gefühl für Proportionen —, nicht über sich brachte. Noch vier Geschosse für das Baumamt draufgesetzt — das konnte sich schon eher sehen lassen. So kam das UBA zu seiner strategisch günstigen Lage: über sich nur den lieben Gott, — und die Oberbehörden weit genug unter sich.

1971 machte Friedrich Wagner sich selbständig. Er war jetzt 40 Jahre, — in einem Alter also, wo man wissen will, wohin es im Leben gehen soll. Bei der Bauverwaltung boten sich zwei Möglichkeiten: wollte man was zu sagen haben, wurde man Beamter, — und hörte auf, Architekt zu sein. Oder man blieb Architekt, musste sich aber den Weg von Leuten weisen lassen, die ihn selber nicht gegangen waren. Beides keine Alternativen für Friedrich Wagner: zu gradlinig und ungeduldig für das umständliche Gehabe der Verwaltung, und zu stolz und ehrlich, um nicht auf Augenhöhe zu verhandeln und zu sagen, was er denkt. Vor allem aber: — Architekt, mit Leib und Seele! Er blieb sich treu und machte sich frei.

Der Zeitpunkt war nicht der beste, sich selbständig zu machen. Die fetten Jahre waren vorüber, und mit der Ölkrise geriet die Konjunktur vollends ins Tief. Doch Friedrich Wagner hatte Glück. Professor Kussmaul, Direktor der MPA, Weltreisender in Sachen Materialforschung und erfolgreicher Akquisiteur, hatte eine Großzerreißmaschine an Land gezogen, zusammen mit ein paar Tonnen Baustahl. Für einen visionären Optimisten wie ihn brauchte man nur noch etwas Folie, — und fertig wäre das Haus. Dem Bauamt aber war das alles viel zu vage. Man überließ den Fall Friedrich Wagner. Der bezog am Pfaffenwaldring in einer Bauleitungsbaracke ein Büro und begann seine Laufbahn als Hausarchitekt der MPA. Für die Großkomponentenprüfhalle — 1980 endlich fertig — erhielt er die nächste Auszeichnung. Und die Hochschule berief ihn als Honorarprofessor. Zwischendrin war außerdem die Prüfstelle für Heizung, Lüftung, Klimatechnik entstanden, eine kleine, präzis gefügte Halle mit Aluminiumfassade. Auch diese preisgekrönt.

Im Laufe der Achtziger Jahre folgten für die MPA das Technologie- und Rechenzentrum, »Intercity« genannt, wegen der schwebend leichten Wirkung des aufgehängten Bürotraktes. Spektakulär die weit gespannten Brückenträger, — aber nicht um des Spektakels willen: »Seht her!«, — sondern konstruktive Umsetzung der Programmforderung: Überbauung des Parkplatzes ohne Stellplatzverlust. Dass damit zugleich eine stille Ausbaureserve angelegt war, entsprach seiner immer und überall auf nachhaltigen Nutzen bedachten Arbeitsweise.
Von 1987—89 entstand die Komponentenprüfhalle 2. Was von ihr zu sehen ist — der gläserne Würfel auf betoniertem Sockel — ist nur soviel wie die Spitze eines Eisbergs. Der horizontal verschiebbare Würfel bildet den Deckel zu einem Schachtbauwerk, das fast so tief in den Boden reicht, wie das Hochhaus daneben in die Höhe ragt. Zweifach preisgekrönt bildet es den glanzvollen Abschluss von Friedrich Wagners großen Bauten im Pfaffenwald.

Die MPA in Vaihingen blieb so lange seine Domäne, wie ihrem dynamischen Chef alle Augenblicke etwas einzurichten, anzupassen und umzustellen einfiel. Friedrich Wagner, stets vor Ort, gab Rat und Hilfestellung und verhinderte, dass Eigenmächtigkeiten sich Bahn brachen.

Nun ist vitaler Wachstumsdrang ja Ausdruck jedes gesunden Organismus. Darüber den starren Rahmen einer Mies'schen Schachtel zu stülpen, hieß darauf zu warten, dass die Fugen krachen. Dass die KPH nach 40 Jahren immer noch den Eindruck von Unversehrtheit macht, ist Wagners Weitsicht zu verdanken. Er hatte die Halle mit einem geschosshohen Lichtgraben samt Stützmauer umgeben, zur sauberen Einbettung ins Gelände. Dahinein entlud sich der Expansionsdruck, ohne das Gebäude mit Auswüchsen und Warzen zu entstellen und das Fassadenbild zu stören. Inzwischen ist Prof. Kussmaul emeritiert und an der MPA ist Ruhe eingekehrt. So wird wohl unentdeckt bleiben, wo das sagenhafte Zwischendeck verborgen ist, von dem seit 40 Jahren Gerüchte wissen wollen. Das bleibt Wagners Geheimnis.

Die fünf großen Projekte im Pfaffenwald seit Gründung des Büros sind vom ersten bis zum letzten Strich, — von der Ideenskizze bis zur Detailzeichnung, — allein sein Werk. Er war Architekt, Projektleiter, Werkplaner, Technischer Zeichner, Buchhalter und Sekretär in einem. Wobei sich Schriftverkehr aufs Nötigste beschränkte. Wer aber je ein Schreiben von ihm bekam, der hat es wohl verwahrt, als schöne Graphik, — der markanten Handschrift wegen. Gezeichnet wurde nach alter Väter Weise, mit der »Hand am Arm«, am Zeichentisch mit Schiene. Jeder Entwicklungsschritt ist festgehalten und geordnet auf stapelweise Skizzenblättern. Wie im Daumenkino konnte der Prozess noch einmal rückwärts laufen und zeigen: einfacher geht's nicht. Was der Betrachter dabei lernte: das Einfache ist nicht so leicht, wie es aussieht. Wohl nicht zu Unrecht heißt es: das Schwerste — ist das Leichte.

Ich glaube, das Beharrliche und Kompromisslose und Schonungslose einer solchen Arbeit, die Suche nach der letzten Konsequenz, — das konnte und wollte er mit niemand teilen. Das macht man mit sich selber aus. So wenig er jemanden nötigen mochte, so wenig konnte er nur aus Gefälligkeit mal »Fünf gerade sein lassen«. Er wollte nicht nur »Freier Architekt« sein, — er wollte frei sein, — ohne Angestellte und Partner.

Später, beim Bau des Verfügungsgebäudes in Hohenheim, nahm er Matthias Loebermann ins Büro. Er war schon 60, immer noch robust, aber phantasiebegabt genug, sich vorzustellen, dass Krankheit nicht etwas ist, was nur die andern haben. Herr Loebermann hielt ihm den Rücken frei und Wagner konnte ungestört zeichnen und entwerfen.

Nur die Leistungsphasen 6 und 7 der HOAI, das Bauleitergeschäft, die gab er ab. Diesen Part übernahm Herbert Maier, der Mann mit dem Händedruck eines Schraubstocks. Nicht, dass Friedrich Wagner sich zu fein dafür gewesen wäre. Unerschrocken zuzupacken kennzeichnet ihn ebenso wie seine Wertschätzung von Handwerkern und anständiger Handarbeit. Wie wäre es auch anders zu erklären, dass er in friedlicher Koexistenz mit einer Schreinerei unter einem Dache arbeitete? Was jeden anderen, der nicht selbst Krach macht sondern Ruhe braucht, in den Wahnsinn getrieben hätte, — Friedrich Wagner hat es nicht gestört. Der Geruch von frischem Schnittholz, Leim und Lack würzte die Büroluft nicht schlechter als sein Stumpenqualm, und das Konzert von Kreissäge, Fräse und Hobelmaschine unterhielt ihn am Tage so gut wie in der Nacht sein Weltempfänger mit nicht immer störungsfreien Sphärenklängen.
Die Bauleitung nicht selbst zu machen, war nur ein Akt ökonomischer Vernunft. Erstens soll man nur soviel Ärger an sich heranlassen, wie der gesunde Nachtschlaf verträgt, und zweitens musste das

nächste Projekt angebahnt werden, bevor das laufende zu Ende ging. Trotzdem war Friedrich Wagner auf seinen Baustellen stets anzutreffen. Häufiger als mancher eigens dazu bestellte Bauleiter. Er nahm die künstlerische Oberleitung wahr. Die hatte man beim Novellieren der HOAI zwar gestrichen, — selbstredend auch das Honorar, für Wagner aber war sie unverzichtbar, zu Recht. Lieber zahlte er drauf, als dass geschah, was nicht in seinem Sinne war.

Zu einem Konto in der Schweiz bringt es so einer natürlich nicht, ganz zu schweigen von Ferienhaus und Segeljacht. Aber das war sowieso kein Thema. Das Wort »Urlaub« kam bei ihm nicht vor. In den 20 Jahren, die ich ihn kenne, — gab es da je was anderes als Waldeslust im Pfaffenwald?
In den Neunziger Jahren und später verlagerte sich der Schwerpunkt seiner Arbeit nach Hohenheim. Während meiner Amtszeit entstanden das Verfügungsgebäude, zwei Stroh- und Gerätescheuern auf den Versuchsgütern und die großen Ausstellungshallen für Schlepper und Erntemaschinen beim Deutschen Landwirtschaftsmuseum.

Neben den Putz- und Betonbauten Hohenheims nimmt sich der Verfügungsbau mit seiner Aluminiumfassade ein bisschen fremd aus. Er drängt sich aber auch nicht in den Vordergrund, sondern übt Zurückhaltung und erweist mit seinem Glasdach Hohenheim und seinen Gewächshäusern verbindlich Referenz. Hier an der ehemaligen Landwirtschaftlichen Hochschule, deren agrarwissenschaftliche Aktivitäten den Campus noch heute prägen, gab es bald Gelegenheit, mit einem Baustoff zu arbeiten, der sich bisher nie angeboten hatte: Holz.
Eine Lagerhalle für Stroh und Landmaschinen ging im Frühsommer 93 in Flammen auf, - und sollte bis zur Erntezeit schon wieder stehen. Friedrich Wagner wurde unser Mann für rasches Handeln. Sein Büro in Rufweite und der Umstand, dass man ihm nicht erklären musste, was eine HUBau ist, und was man dazu braucht, erleichterten die Sache. Er wusste, wo unser Formularschrank war, und konnte sich dort selbst bedienen.

Und weil ihm auch als Freier Architekt nie eingefallen wäre, nach Lust und Laune ins Büro zu gehen, sondern weil er mit Pünktlichkeit und Disziplin um 9 Uhr kam und nicht vor 21 Uhr nach Hause fuhr, fünf Tage in der Woche, wenigstens 50 Wochen im Jahr, deshalb war er zur Hand und hatte Zeit, — besser nahm sich Zeit, — wenn man ihn brauchte. Doch darf auch dies gesagt sein: am Wochenende blieb das Büro geschlossen. Immer. Samstag—Sonntag war Familienzeit und Sabbatruhe.

Als das Stroh vom Feld kam, war die Halle fertig. Länger als das Aufrichten der Holzkonstruktion hatte die Entsorgung der verkohlten Strohreste, vermengt mit Brandschutt von Asbestdachplatten, gedauert. Als sich die Geschichte einige Zeit später auf dem Ihingerhof wiederholte, und ich glaubte, wir wären noch schneller fertig durch Wiederholung der Meiereihofplanung, wurde ich nicht enttäuscht. Auch diese Halle stand bald wieder. Doch nicht als Duplikat der ersten. Ich hätte Friedrich Wagner arg verkannt, wenn nur eine Replik herausgekommen wäre. Natürlich gab es gute Gründe für neue Pläne. Viel mehr aber ging es ihm ums Prinzip: Alles immer wieder neu zu durchdenken, zu verbessern und einfacher zu machen. Noch größere Wirkung zu erzielen mit noch geringerem Aufwand.

Die beiden letzten großen Hallen beim Landwirtschaftsmuseum waren auch brandeilig, — jedoch auf andere Art. Unvermutet tauchte Geld auf, worüber man verfügen konnte, wenn noch im gleichen Jahr gebaut würde. Friedrich Wagner machte es möglich. Die Gebäude — im Abstand weniger Jahre errichtet — kennzeichnet ihr weit überstehendes Dach, das den großen Volumina die Schwere nimmt, sie leicht und elegant erscheinen lässt. Natürlich war das Absicht, doch galt auch hier: nie ist Gestalt primäres Ziel. Da ging es um konstruktiven Holzschutz und nebenbei — im Programm gar nicht vorgesehen — um gedeckte Unterstellmöglichkeiten, wie auf jedem Bauernhof zu finden, und wie Klaus Hermann, der Leiter des Museums, sie so nötig brauchte. Zugaben dieser Art sind typisches Merkmal von Wagners Arbeit: = Kostenloser Planungsmehrwert.

Nützlichkeit des Hauses, Dauerhaftigkeit der Konstruktion und Behagen beim Betrachten, — sie bestimmen noch immer die Qualität von Architektur. Friedrich Wagner hat es mit Vitruv gehalten. Seine Häuser stehen noch alle. Auch das älteste, das nur Provisorium sein sollte. Dass sie mit der Zeit nicht unansehnlicher geworden sind, verdanken sie der Wahl soliden Materials, gediegener Konstruktion und sauberer Detaillierung.

Für alles Neue offen und aufgeschlossen, wenn es half, zu vereinfachen, ließ er sich doch nie auf Experimente mit ungewissem Ausgang ein, die auf Kosten des Bauherrn gegangen wären. Auch des öffentlichen Bauherrn nicht. Das hätte seinem Selbstverständnis als Bürger so wenig entsprochen wie es zur Ehrbarkeit seines Handwerks passte. Öffentliche Bauten sind nicht abstraktes Staatseigentum, sondern Bürgerbesitz. Errichtet mit dem Steuergeld von »Jedermann« und unterhalten auch von Friedrich Wagners Steuergroschen. Für ihre wertbeständige Anlage zu sorgen, sah er als ureigene

Verpflichtung an. Ehe die Verwaltung meinte, belehrend den Finger heben zu müssen, konnte sie manches von ihm lernen.

Es gibt noch andere Eigenschaften und Beispiele dafür, dass er ein guter Sachwalter des Landes war, und warum man gerne mit ihm baute.

Zum Beispiel seine Verlässlichkeit und Vertragstreue. Termine wurden genauso zuverlässig eingehalten wie Kostenanschläge, — und waren sie noch so knapp. Eher blieb noch etwas übrig, als dass nachfinanziert werden musste. Und jeder, wirklich jeder seiner Verträge wurde so abgerechnet, wie geschlossen. Eher hätte er sich die Zunge abgebissen, als dass ein Wort wie Honoraranhebung über seine Lippen gekommen wäre.

Oder seine Sparsamkeit. Sie mag ihm schon im Blute liegen: Naila in Oberfranken ist nicht bekannt dafür, dass die Leute dort von goldenen Tellern essen. Und mit vielen seiner Generation, die Kriegs- und Nachkriegszeit erlebt haben, teilt er die Abneigung gegen verschwenderischen Umgang. Doch im Gegensatz zu den meisten, die sie im Wirtschaftswundervollgefühl vergessen und verdrängt haben, wurde sie ihm zur Natur. So einen musste die Formel: «Less is more» wie eine Offenbarung treffen.

»Less is more«: nur soviel Aufwand, wie die Sache unbedingt erfordert. Darin besteht die Aufgabe. Darin liegt die Kunst. Beschränkung auf das Wesentliche, Maßhalten in allem, — bei der Arbeit wie im Leben:
- · für eine Skizze, die auf einem Bierdeckel Platz hat, wird nicht ein halber Meter Transparentpapier entrollt,
- · und beim Stahlbau andere als Normprofile zu verwenden, kam ihm sowenig in den Sinn
- · wie es umgekehrt selbstverständlich war, das Listenmaß von Lochblechtafeln zur Bestimmungsgröße einer Konstruktion zu machen, z.B. für die Einhausung einer Tankanlage. Verschnitt ist nur ein Zeichen mangelnder Sorgfalt bei der Planung, und Abfall ist aller Vergeudung Anfang.

Das hört sich an nach Sparsamkeit um jeden Preis. Weit gefehlt, denn über alle Grundsatztreue geht ihm das oberste Gebot: Vernunftgebrauch! Wo eine gute Absicht, blind verfolgt, ihr Gegenteil bewirkt, ist Halt geboten. Als beim Bau des Hochhauses per Ministererlass der Einbau von Holzfenstern verordnet wurde, hat Friedrich Wagner sich geweigert. »Nur wenn der Herr Minister selber die Verantwortung übernähme…« — so schrieb er ihm. Angstmann war sein Name. Unser Haus bekam Metallfenster. Bauen war und ist für ihn eine Aufgabe, Beständigkeit für Jahrzehnte zu garantieren. Durch Sparsamkeit den Wert einer Investition zu schmälern und seine Dauerhaftigkeit zu mindern, heißt an falscher Stelle sparen. Fehler kann man machen, — aber man soll sich hüten, sie zu bauen. Und: Sparsamkeit ist eine Form von Klugheit, nicht ihr Gegenteil.

In unsrer Zeit des »Ex und Hopp«, des »Ausgebraucht und Weggeworfen«, in der vom Sparen geredet und das Gegenteil getan wird, wo einem wie ihm eigentlich alles gegen den Strich geht, könnte er sich längst resigniert zurückgezogen haben, — wäre er nicht Friedrich Wagner: — standhaft, unbeugsam und unbequem. Andere predigen Ressourcenschonung, — er handelt:
- · kein Blatt Papier, auf einer Seite noch blank, landet im Papierkorb, — für Notizen ist es allemal noch gut;
- · und ein Sakko, dessen Ärmel fadenscheinig werden, bekommt verpasst, was schottischem Adel zur Zierde gereicht: — Ärmelflecken.

Was nutzlos herumsteht oder -liegt und nicht marode ist, darüber geht sein Blick nicht achtlos weg. Es weckt sein Interesse und beschäftigt ihn. Ob es um ausgediente Haltestellendächer oder Grossdruckbehälter auf dem Schrottplatz der MPA geht, — wie outgesourcete Arbeitslose werden sie wieder in Dienst gestellt. Alles reizte seinen Erfindergeist und die Gestaltungslust, und nichts war ihm zu gering, sich seiner anzunehmen: ein Gehäuse für den Kettenaufzug einer Parkplatzabsperrung so gut wie das Friedhofstörchen auf dem Ihingerhof.

Genug! Viele Worte, — zu viele für einen, der zwar nicht ums Wort verlegen ist, — wie wäre er sonst Professor? — der aber lieber schafft statt schwätzt. Da fühlt der Franke bei den Schwaben sich gut aufgehoben. Statt langer Reden bräuchte man nur auf seine Bauten zeigen, — sie sind ein treues Abbild seiner selbst:
- · gradlinig und aufrecht,
- · solide und einfach,
- · deutlich und klar,
- · eckig und kantig,
- · gut zu gebrauchen.

Womit eigentlich alles gesagt ist. Ein Sprichwort heißt: »Keine Freundschaft von Architekt und Bauherr überdauert den Einzug in das Haus.« Mit Friedrich Wagner war das anders. Mein Respekt und meine Sympathie wurden von Mal zu Mal größer. Schade, dass es nicht mehr Gelegenheit zum Bauen gab.

Der Autor Klaus Schmiedek war von 1990—2005 Leiter des Universitätsbauamtes Stuttgart und Hohenheim.

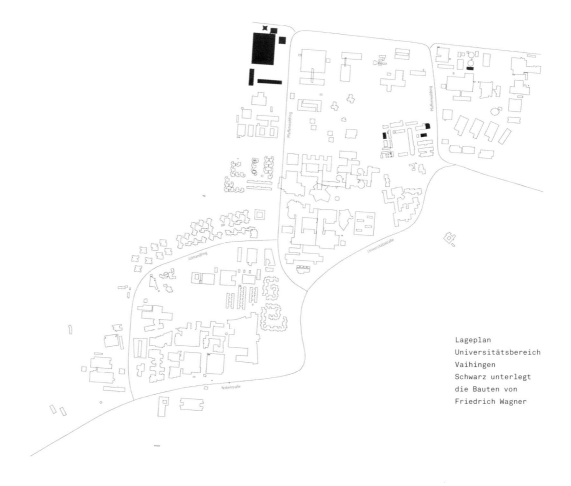

Lageplan
Universitätsbereich
Vaihingen
Schwarz unterlegt
die Bauten von
Friedrich Wagner

Die Gruppe Wagner
Architektur aus dem Baumamt ist nicht notwendigerweise Amtsarchitektur — (oder Bauen unter den Bedingungen der Demokratie)

Dieter Schaich

Obwohl hier von Architektur die Rede ist, soll hier nicht von Gebautem geschrieben sein — eher über das Umfeld des Entstehens von Architektur.

Es ist verbreitet, Gebautes, positiv oder negativ, allein den Architekten zuzuschreiben. Dabei wird die Verantwortung des Bauherrn, der seinen Architekten auswählt, meist ungenügend oder gar nicht gewürdigt. Ist der Architekt ein Bauamt, reduziert sich die Auswahlfunktion auf die verfügbare Qualifikation dessen Personals. Es war wohl dem seinerzeitigen Ministerialdirigenten im Finanzministerium Professor Horst Linde zuzuschreiben, dass bei erkannter Notwendigkeit des Ausbaus der Hochschulen in den Sechziger Jahren die Leitung zahlreicher, oft neu geschaffener Hochschulbauämter mit qualifizierten Architekten besetzt wurde. Die überkommene Amtsstruktur bewirkte, dass ambitionierte Architekten, sofern sie die Beamtenlaufbahn einschlugen, schneller in führende Positionen befördert wurden, als sie in die Lage kamen, je ein Projekt selbst zu planen oder gar durchzuführen.

Der Start in mein Berufsleben 1963 nach Abschluss bei Herbert Hirche — Bauhäusler und letzter Mitarbeiter Mies van der Rohes bis 1938 — gestaltete sich anders als geplant. Nach über zwei Monaten Suche hatte ich schlicht Geld zu verdienen — das Hochschulbauamt Stuttgart suchte Architekten für die Neubauten im Pfaffenwald — und im übrigen meine Arbeit so anständig zu leisten wie ich sie gelernt hatte. Was als Interimslösung gedacht war, sollte dann fast fünfzehn Jahre dauern, und daran hatte Friedrich Wagner erheblichen Anteil.

Nach meiner ersten Aufgabe, ein Gartentürlein für die Universitätssternwarte, wurde ich der Planungsgruppe MPA zugeteilt. Gruppenleiter FWN, gerade 32 Jahre alt, hatte zuvor das Hörsaalprovisorium der TH, in wenigen Monaten mit wenig Geld geplant und gebaut. Wagner hatte, wie ich dann erfuhr, in USA studiert und zwei Jahre im Büro Mies van der Rohes in Chicago gearbeitet. Mein Arbeitsfeld hatte ich schnell gefunden, das Projekt war noch »weich«, die Raumaufteilung stand, FWN versuchte, dem vorgegebenen engen Hochhausgrundriss durch Verschieben des Erschließungs-Kernes aus der Mitte eine großzügigere Eingangshalle abzugewinnen. Von Amtsträgern als Verlust von Nutzfläche in den Geschossen bemängelt, ist es doch so gebaut worden. Da gab's noch Walter Matthes aus dem Riesengebirge, mit einer Hand an der Reißschiene flinker als mancher Zweihändige. Er kümmerte sich um Labors und Technik. Und Lothar George, ein fröhlicher kölsche Jung, anfangs an der Zeichenmaschine, später unser Bauleiter.

Ich durfte zuerst Treppen detaillieren, deren es zehn Stück gab. Die Arbeit gestaltete sich als nahezu konfliktfreie praktische Fortsetzung des Studiums. Arbeitete ich »Schüler von Schüler von Mies« doch wieder bei Schüler von Mies *). Organisation und Arbeitsteilung geschahen unsichtbar und wie von selbst. Die älteren Kollegen respektierten den jungen Gruppenleiter, der von sich aus das gar nicht forderte und ohne Anordnungen auskam. Seine streitbaren Qualitäten setzte FWN eher für die Durchsetzung der Abweichungen von der BW-Typenplanung ein. Die »Stütze im Feld« blieb jedoch trotz des Nachweises von Nachteilen für die Nutzbarkeit sakrosankt. Ich als Jüngster fühlte mich akzeptiert, meine Arbeit gefragt, und bestritt nach und nach den gesamten Innenausbau. Bis auf die notwendigen mutterpausfähigen Fünfzigstel wurde alles mit Bleistift gezeichnet, ich habe das bis zum heutigen Tag beibehalten. Das Ausrollen und Betrachten der Blaupausen aus dem Mies-Büro war immer ein besonderes Ereignis in kleinem Kreis.

Es gab zwei weitere Planungsgruppen für die Neubauten der Luftfahrtinstitute L3 und das Naturwissenschaftliche Zentrum NWZ, dazu je eine Gruppe Haustechnik und Tiefbau, eine Gesamtplanung und die Verwaltung, über allem die Amtsleitung, verkörpert durch die Ober- und Baudirektoren Adalbert Sack und Fritz Hahn. Die Gruppenleiterbesprechung am Montagmorgen war das Steuerinstrument. Sack kümmerte sich um die Vertretung nach außen und das Klima im Inneren, Hahn hielt den Kontakt zu den Projekten.

Für die Ausführungs-, Planungs- und Bauphase wurde die Gruppe verstärkt und ein Büroprovisorium im Pfaffenwald nahe des Bauplatzes bezogen. Unweit dessen wohnten Wagners in einem aufgelassenen Gartenhaus, das er mit Frau Josette, kundiger Hand und sparsamen Mitteln in ein kleines Paradies verwandelt hatte. Die Nähe zu Frau und Paradies war ihm sicher bei seiner weit über Amtsstunden gehende Arbeitweise nicht unlieb. Es sollte für viele Jahre sein Büro bleiben. Aber soweit dachten wir noch nicht. Wir waren uns einig, innerhalb von Staatsstrukturen »anständige« Architektur zu machen. Konrad Hennig, Kriegsteilnehmer und nicht mehr ganz gesund, unterstützte die Bauleitung mit Ausschreibung und später Abrechnung. Seine Hauptaufgabe sah er im rechtzeitigen Herunterlassen des ersten nordseitigen Rollladens um dem Bierfahrer mit seinem Pferdefuhrwerk schon von weitem den Bedarf zu signalisieren. Mehrmals täglich sah man ihn, bedächtigen Schrittes das Büro Richtung Mülleimer verlassend, die Straße hinauf- und hinunterblicken, den Aschenbecher sorgfältig am Eimerrand ausklopfen, um dann wieder zuerst hinunter- und hinaufblickend den Weg zum Büro zu nehmen. Sein Vorrat an Witzen war unerschöpflich, meist schien es, als erfinde er diese gerade. Fünf Bauzeichnerinnen durchliefen in der Gruppe ihre Ausbildung und mischten den Arbeitstag nach Kräften auf.

Die Amtsleitung war weit — die Gruppe MPA war im Pfaffenwald endgültig zur Gruppe Wagner geworden. Der Wald war abgeholzt, gelegentlich suchten ein paar Rehe noch danach. Es war Fasching, und um den Kontakt zum Amt zu festigen, fand der Wald im Saale statt — die Amtsleitung erschien als Robin Hood und Hermann der Cherusker. An die hundert Bauamtsleute bevölkerten für eine Nacht als Waldschrat, Förster oder Hexe den Wald in unserem Baubüro.
Die Zusammenarbeit mit dem Lehrstuhl und Institut, verkörpert durch Dr. Gassmann, geschah im besten gegenseitigen Verständnis. Formulierungen des Bedarfs wurden intern ausgefochten, und wir bekamen die Ergebnisse planungsreif übermittelt.

Es gibt zwei Arten von Statikern: Die einen nutzen jede Gelegenheit, die Schwierigkeiten des Projektes hervorzuheben, die anderen lieben Schwierigkeiten und betrachten alles als lösbar. Zur zweiten Gruppe gehörte Dr. Egger vom Büro Leonhardt und Andrä, ein ingeniöser Konstrukteur aus Graz, der nach der Arbeit an den Zeltdächern des Deutschen Pavillons in Montreal bei den Olympiabauten in München auf Seiten der ausführenden Firma VOEST wieder dabei war, bevor er Professor in Graz wurde.

Ich weiß nicht mehr, ob es Idee von FWN war, die planenden Ingenieure für Haustechnik aus deren externen Büros direkt in die Planungsgruppe zu setzen, es war einfach und effektiv. Die Koordinierung mit der Baukonstruktion geschah nebenbei während der Arbeit, ohne Besprechungsrituale und Planversand hin und her.

Der Rohbau stand, die Metallfassaden waren vergabefertig. Das Land aber verhängte eine Ausgabesperre, von der Oberfinanzdirektion wurden gemauerte Brüstungen und Holzfenster verordnet — Angstmann hieß der Finanzminister sinnigerweise. Nur der mühsame rechnerische Nachweis der Preisgleichheit rettete unsere, in dutzenden Varianten mit Wagnerscher Bleistift-Feinarbeit entwickelten Fassaden — unterstützt durch den mutigen Satz eines höheren Amtsträgers — »Wir werden uns doch nicht einen Kartoffelsack umhängen, wenn wir für das gleiche Geld ein schönen Anzug bekommen«.

Die MPA war fertig, die öffentliche Anerkennung in Form des Paul-Bonatz-Preises und zahlreichen Veröffentlichungen in deutschen und internationalen Fachzeitschriften gefiel auch dem Amt. Es hatte das gebaute Ergebnis zumindest zugelassen, obgleich da keine waschechte Typenplanung entstanden war.

Friedrich Wagner erhielt inzwischen direkt Aufträge der Universität und installierte sein eigenes Büro in der ehemaligen Bauleitung des Provisoriums. Einmal machten wir beide noch den Versuch einer gemeinsamen Arbeit und beteiligten uns 1969 als geborene Bayern am Wettbewerb für die Münchner Staatskanzlei. München mochte jedoch unseren spartanischen Entwurf nicht und verwies ihn auf die hinteren Plätze.

*) Zitat aus der Grundlehre der Stuttgarter Kunstakademie, wo der Bauhäusler Hannes Neuner sich vor seinen Studenten gerne als Schüler von Paul Klee gab und diese sich fortan scherzhaft »Schüler von Schüler von Klee« nannten und das später auf Herbert Hirche übertrugen.

Chicago

Prof. Cathal O'Neill

I first met Friedrich Wagner in Chicago in the elevator in Carmen Hall, the student housing building on the Illinois Institute of Technology campus. I was immediately drawn to this young man, tall, good looking and self assured, yet reticent, who spoke such good English that he could be mistaken for an American, except that his accent was what you might call, European. It was early September 1957 and we were on our way to our first class in the Masters course with Mies van der Rohe. What an exciting time for the ten or so students who had come from around the world to study with the great man. In addition to Friedrich and myself there was Peter Carter from London, Conrad Lehman from Germany, Masami Takayama from Japan, and Jack Bowman and Fred Farmer from the United States.

Our studio, with the rest of the School, was housed in the upper floor of the newly opened Crown Hall. This large, glass-walled room, measuring 240 ft by 120 ft with an 18 ft high ceiling, contained the studios for the five undergraduate years and the two Master classes separated one from the other by screens which also served as display surfaces for the presentation of our work. It was the perfect space for the course on which we were about to embark. The open plan revealed all and brought us into contact with what was going on in the other classes. It exposed one's own work to the scrutiny of fellow students and staff throughout the school and created a fellowship and a spirit which in later years I tried to emulate in the School of Architecture in Dublin. The constant contact with the outside was such a pleasure as the shifting light of the day and the seasons illuminated the interior and the changing sky was visible above the translucent lower panels of the external walls. It was a remarkably quiet space for such a large area with so many students. Perhaps because of the practice and respect for serious work it had taken on the atmosphere of an ancient library.

On that first day as we sat at our desks, Mies arrived and came and spoke to each of us individually. He seemed much older than his 70 years, perhaps because he walked with the aid of a stick and he seemed shy as he asked us where we were from and what experience we had. Then he set us the first project — to make a house. This, he explained, was so that he would understand us better. "Decide on your own brief and select your own site and in three weeks we will meet here and we will see what you have done." We returned with our schemes at the appointed time and every afternoon for about a week Mies slowly reviewed our work. This was a painful experience. Mies sat on a stool smoking a cigar while each one in turn placed their project on the desk before him and the rest of us sat around in a circle listening intently. He would study the drawings very slowly; sometimes 15 or 30 minutes would pass without a word being spoken. Then, pointing, he would ask a question "What is that?" and you would say "The bedroom." and then nod his head and ask "Why have you done that?" and so he painstakingly examined all our submissions over the week.

I only remember one house, that of Masami Takayama, a diminutive Japanese boy with hardly any English who made an exquisite single-storey timber family house with glass walls, timber screens and an open plan. Mies asked, "Where is the living room?" and he replied, "There." pointing to the middle of the plan. Mies asked, "And where is the bedroom?" and Masami pointed to the same space and said, "There." "And where is the dining room?" "There." Whereupon Mies' face brightened up with a large smile and he said, "I really like this house."

There was a course under the direction of Professor Walter Peterhans who had worked with Mies in the Bauhaus. His exercises were in visual perception, arranging abstract compositions, made up of pieces of black or coloured paper mounted on a white board, or three dimensional groupings of small pieces of material, glass, marble or metal. We were encouraged to observe our work until we had a clear mental record of it and then, with his encouragement, made minute variations to the composition and tried to evaluate whether the change was an improvement or not. Here again the studio was a place of concentration and serious intent, a lesson that I am sure stayed with us for life.

Friedrich's house was a remarkable design, though he says himself that it was not favourably received by the master. Superficially it has many Miesian features but on closer inspection it was a surprisingly spatial composition in which the space in the two-storey volume flows around the mezzanine bedroom platform located eccentrically in the plan, with the entrance platform shifted to one side creating a dynamic movement within the house.

In addition to the design studio, there was also a course in planning with Ludwig Hilberseimer who was, at that time, passionately interested in the unfashionable subject of passive solar energy. As part of his course we were asked to make a study of the local town of Elkhorn, a small town close to Chicago. One day we set out innocently on a field trip to Elkhorn to photograph and sketch its streets and buildings, but our work was cut short by the police chief who ordered us to leave town immediately before we would be arrested and thrown in jail. Speaking of the 11 students — eight foreigners and three Americans — he said, "How do we know you won't blow up the place tonight? You had just better leave." The story spread rapidly and the next day the Chicago daily, Sun Times, published a front page article with the headline "Police Jitters, 11 Students Driven out of Elkhorn" and the story was then picked up by Newsweek who described it as if it were an international incident. Friedrich, who took on the role of group leader, then received a letter from the Wisconsin Civil Liberties Union who described it as "A serious question of civil liberties." and invited us to take the matter further. However, Professor Hilberseimer, who had set us the project, was furious as he believed the publicity to be unwelcome and did not reflect well on the School. We, on the other hand, greatly enjoyed the excitement and we were very impressed with Friedrich's leadership and his polite but persistent defence of his rights.

A more serious event occurred early in the New Year when Friedrich was mugged late at night in Grant Park on the shore of Lake Michigan and was threatened with being thrown in the lake, which, at sub-zero temperature, would have meant certain death. Fortunately, he escaped with only the loss of his watch and his wallet — which was probably empty, as, like the rest of us, he was financially struggling. Though it was a full-time course, all of us had part-time jobs in architects' offices. In my own case I managed for the first year as I was married and my wife Deirdre had a good job as a social worker, but then the first baby arrived and she had to give up work.

The experience we got in the American offices was very valuable as it gave a practical balance to the abstract nature of our studies. The American architects we met in the offices were extremely welcoming, helpful and very competent. What was striking, in contrast to my European experience, was their ambition and confidence and their attitude that anything was possible, which seems to be a peculiar Chigagoan trait and certainly they had enough architectural examples in the city to prove it. They liked to quote Daniel Burnham's dictum "Make no small plans."

Of course student life in Chicago was not all hard work or dangerous encounters. We had parties and celebrations to mark special events such as the winter solstice when we gathered to mark the shortest day in the year; we dressed up for dinner, wore sun glasses and distributed books on naturists and naked sun bathers, which seemed to me like a peculiarly Germanic custom. We also had less formal events, including Mies' birthday in March when Conrad Lehman invited us to his apartment in Carmen Hall which was designed by Mies. There was still snow on the ground so Fred Farmer got his car and I drove with him and Mies to the building where I took Mies up in the elevator. He seemed fascinated with the building and kept looking around with interest like a stranger examining the details of the door frames and touching them he said, "I haven't been to this building since it was built, but it is good. Then he kept repeating to himself "It is very good. I am very happy." I was touched by the innocent surprise he showed and his enjoyment of his own work.

Chicago

Im Uhrzeigersinn

Modell der
Hauptverwaltung
Bacardi in
Mexiko City

Im Büro Mies

»Mies-Schüler«

21. September:
Hilbs-Day —
Gemeinsames Essen
beim Italiener

Mies was a totally different person when he had a couple of American martinis. I remember him sitting in the Barcelona chair in Conrad's apartment (the only chair in the apartment) with five or six of us sitting around at his feet asking him about his time with Frank Lloyd Wright and Le Corbusier and Gropius. Gropius, Mies and Corb worked together in Behrens' office for a short time and as Corb was very short-sighted they decided to play a trick on him. When he was out of the room they cut out a piece of yellow cellophane in the shape of a zeppelin and stuck it on the window and went back to their drawing boards. When Corb came back into the room they didn't say anything to him at first but after a few minutes one of them looked out the window and said, "Look, look at the airship." and Corb ran over and looked out at the yellow object on the window and thought for a moment that it was an airship. Mies told this story and laughed, he thought it was so funny his big jaws would shake with laughter. With a big cigar in one hand, and a martini in the other he would laugh at the memory of being one up on Le Corbusier.

Perhaps the highlight of that first year at IIT was the evening we spent with Mies in his apartment. The apartment was in an old building on Pearson Street which was decorated in a very European manner — dark polished wood block floors, white walls on which a number of large modern paintings were displayed and furnished with large comfortable sofas and armchairs. He was such good company, relaxed, hospitable, with a very engaging smile and yet very serious. It was an informal seminar on architectural theory. He made his thoughts known to us thoughtfully and clearly. He was very much the teacher, taking this opportunity to talk directly to his students, to encourage us to be true to our art, not to relax our standards or to be distracted by fashion. As the evening progressed I believe we were in a kind of trance, listening to the master talk in his slow, considered way, certain but not dogmatic. We came away from his apartment that evening totally exhilarated, privileged by the occasion, encouraged by his words, filled with ambition for the future. When I got back to my apartment Deirdre laughed at my excitement and said "You would think you had come back from your first date with a new lover." I think in saying that she captured what we all felt.

Some time after that Friedrich called to our apartment to introduce us to his new girlfriend, the beautiful and elegant Josette. He was, as Deirdre had described me, bubbling with the excitement of new love. Friedrich, who had always appeared serious and frowningly worried, was transformed, smiling laughing, talking and planning the future.

Chicago

The buildings of Chicago were a significant source of inspiration where the work of Louis Sullivan and the Chicago School, as well as many buildings by Frank Lloyd Wright, were predominant in the city. On the Institute campus Crown Hall was a special place which profoundly affected all who were privileged to work there. Its very existence, at least in its final form, might never have been realized if it had not been for Mies' persistence. He told the story of its commissioning, design and construction with a certain weariness at the folly of man. When he presented his design for the building in the form of a large plastic model to the Board of the Institute, he was rebuffed. They could not understand this strange building or contemplate it for a School of Architecture where all the studios were contained in a single room and where every inch of the external wall was made of glass, overhung with a flat roof supported on a large external structure. He was asked to take the model away and think again about it, to which he replied that he had been thinking about it all his life and that he had nothing new to add. The project was quietly shelved until a group of influential people who appreciated good architecture lobbied the board to have the project revisited and, eventually, it was constructed as originally intended. We all learned from this story and I am sure that in later years, Friedrich and his classmates were all put into a similar situation by their clients and many survived the challenge using Mies' technique.

Working in this unique building every day and sometimes night, for one to two years was also a learning process. In using the building we tested its effectiveness, admired its beauty, measured its proportions, and studied the detail like an artist might study a life model in a drawing class.

At the end of each academic year the main space of the School was used for an exhibition of drawings and models representing the work of the students in each of the years. At other times the space was used for graduation balls, conferences, and public exhibitions, one of which consisted of a large commercial fair of exceptionally ugly and garish household goods. We were offended by the intrusion of such drab items into such a beautiful space. We sought to comfort Mies at the disrespect to his masterwork whereupon he dismissed our protest saying that all good architecture must have the strength to resist the interference from extraneous matter. Another lesson was learned which helped us deal with unwanted intrusions in our own work.
Mies' teaching was primarily based on the projects which were set in the studio. They were used as vehicles for the slow, subtle exposition of his architectural philosophy. In reviewing our work he seemed to have a mental checklist of concerns which he raised in mostly random order to evaluate

the project placed before him in the form of a model. Having established the use and the various disposition of the elements he would usually go straight to the structure and question its validity. He would examine its rationale and appropriateness and worry over its relationship with the fabric and its place in the composition, but the final test was put with the same question "Is it reasonable?" And so he would proceed to examine the entire project, questioning the whole process in a slow, methodical way and from his firm, though polite, disapprovals we learned his preferences. Criticism was more often expressed in the silence of a long pause than in outright rejection and the review normally ended with encouragement to spend more time studying the model to make the building "work" by which he meant that all the elements were resolved in a complete harmony.

The reviews were interspersed with seminars where the central theme was most frequently the future of architecture. He was at his most articulate on this subject, quoting liberally from philosophers of all periods, and illustrating his views with descriptions of buildings from the past, particularly Gothic. He was extremely well read and thought deeply about the place of architecture in history, he embraced modern culture and scientific advances and the achievement of the great engineering structures, frequently describing the George Washington Bridge as his favourite American building.

There was amongst his students a curious unspoken agreement about the theory and practice of architecture. I do not recall any intense discussions with Friedrich or the other students on the general direction we were headed. Perhaps we were like seminarians in a religious order who had discovered the truth and were happy with it. On the other hand, there were heated discussions between us on matters of fine detail in the buildings we were designing which became more serious when we moved to his office.

Many of us were not prepared for the total immersion in Mies' work and thought processes. Unlike the other leading architects of the time, Frank Lloyd Wright and Le Corbusier, who had written a number of provocative and influential books on architecture, Mies' views or his buildings were not well documented, at least not in the English language. At that time in the 1950's, only two books had been published, the first by Philip Johnson in 1947, and the other by Ludwig Hilberseimer in 1956. It was not until Mies' address to the American Institute of Architects on the occasion of the presentation to him of the Gold Medal, that a comprehensive description of his philosophy was published. This address brought together many of the ideas and beliefs which we had discovered in our time at the School in Chicago. It was an extraordinarily clear and encouraging document.

To quote just one paragraph, "I have been asked many times by students, architects and interested laymen, "Where do we go from here?" Certainly it is not necessary or possible to invent a new kind of architecture every Monday morning. We are not at the end, but at the beginning of an epoch. An epoch which will be guided by a new spirit which will be driven by new forces, new technological, sociological and economic forces and which will have new tools and new materials. For this reason we will have a new architecture." This was the encouragement we needed and for many this address became the lode stone for our future careers.

A move from the School to Mies' office was everyone's ambition and after the completion of our first year, Friedrich, Peter Carter and Jack Bowman joined the staff at 230 East Ohio Street whilst others, including Conrad and myself completed our second year before making the move. I kept in contact with Friedrich and frequently visited him at the office where he showed me the projects he was working on with great seriousness and excitement. The office was quite small in number, divided into two groups, the larger of about ten managed by Joe Fujikawa which dealt mostly with large scale residential and commercial projects, and the second group managed by Gene Summers, which had about six, including Friedrich, were involved in special projects. A feature of the office was the high quality of the draughtsmanship and model making and Friedrich excelled at both of these activities. His large-scale model of a portion of the Federal Centre was exemplary and, as with all models in the office, its accuracy and verisimilitude was essential for the final appraisal.

Friedrich's main contribution to the office was his work on the Ron Bacardi administration building in Mexico City which was, in a sense, a replacement for the proposed headquarter building of the same company in Santiago, Cuba, some years earlier. I believe that his work on this project was a major influence on his subsequent career.

That then is what Chicago was in the late '50s which, I'm sure, had a significant influence on Friedrich's subsequent work which is infused with the spirit of Mies and his belief in the important place of architecture in our culture. Friedrich would have been inspired by his experience of Crown Hall and the other buildings which exude such a satisfying quality of composure, and from the office he would have taken the contemplative work habit, the attention to detail and the constant search for perfection.

We did not meet again until a happy chance brought us together in Dublin in 1963. I had returned there in 1961 to teach in the University and to run a small practice, and although we had corresponded, we might not have met for some time if Albrecht Roser, the master puppeteer and Friedrich's close friend from Stuttgart had not been invited to take part in the Dublin Theatre Festival. Friedrich and Josette joined their friend in Dublin and we all enjoyed the highly acclaimed performance in the national theatre. In one scene the grandmother puppet sits alone on stage knitting whilst nodding her head, bemoaning the state of the world and the foolish talk of men, sarcastically reporting on an imaginary conversation between the two great architects Herr Wagner and Herr O'Neill, who were sitting together in the theatre, much to the amusement of the audience and to our embarrassment.
In addition to his output as an architect, Friedrich has made an important contribution to architectural education, not only in Stuttgart, but in Ireland. In the universities of the English speaking world (except in the USA), there is a long established practice of appointing External Examiners from other universities who are required to oversee the examination process and results in the host institution. In the School of Architecture in University College Dublin, where I had been appointed Head in 1973, the practice emerged of appointing three External Examiners, one from Ireland, one from Britain, and one from continental Europe. The College agreed to my recommendation and Friedrich was appointed for three years and his role was to review the results in the undergraduate course, and in particular, to interview each candidate for the final degree course and to decide, in conjunction with the staff, on the final grades.

What is striking about Friedrich's buildings is the manner in which they evolved seamlessly from the programme, each a clear, concise statement of purpose where the structure and form are intuitively in harmony with content.
How appropriate it is that Friedrich's body of work should be sited in Stuttgart which hosted the defining event in the establishment of the Modern movement, where Mies, who, as a director of the Weißenhof had his early triumph. Master and student both have enhanced the city with their elegant talent. To Friedrich I would say in Irish "Ní bheag a leathaid ann aris" (We will not have his like again).

»Man wird ja noch etwas tun dürfen«

Prof. Dr. techn. Harald Egger erinnert sich an gemeinsames Bauen in Stuttgart-Vahingen

Vor bald einem halben Jahrhundert traf ich mit Friedrich Wagner am Hochschulgelände in Stuttgart-Vaihingen zusammen, um mit ihm eine Labor- und Prüfhalle für die MPA der TU Stuttgart zu bauen.

Friedrich Wagner kam von Mies van der Rohe aus Chicago und arbeitete im Hochschulbauamt am Entwurf der Halle. Ich kam von der österreichischen Stahlbauanstalt Wagner-Biro aus Graz, arbeitete im Ingenieurbüro Leonhardt-Andrä und wurde ihm für dieses Projekt als Ingenieur zur Seite gestellt.

Es war die Zeit dionysischen Ausbruches konstruktiver Ideen in der Architektur wie im gesamten Bauwesen. Wir Jungen waren fasziniert und angeregt von den Vorstellungen der großen uns vorangehenden Meister, Architekten wie Ingenieure.
Ich kam aus dem Stahlbrückenbau, eigentlich aus dem Großbrückenbau und Schwerindustriebau. So bedurfte ich seitens der Architekten zunächst der Einführung in die auf mich zukommende Aufgabe. Stand ich anfangs doch fremd, wenn gleich nicht uninteressiert gegenüber.

Friedrich Wagners erste Lektion galt dem Raster, damals war es im Industriebau der 2,5 × 2,5 m — Raster mit seinen Unterteilungen und Vielfachen. Und in diesem denkend kam mir bei der Entwicklung der Tragstruktur — den gemeinsamen Ursprung von Geometrie und Mechanik im Kopf — der Gedanke, in ihm die minimalen Wege der Lastabtragung zu suchen. Und Wagner, weiterdenkend, band sogleich die übrigen am Entwurf beteiligten Fachleute in die diesbezüglichen Gespräche ein. So wurde im Gespräch über die minimalen Lastabtragungswege hinaus, über die Effizienz der Lastwege und deren sinnvolle konstruktive Ausbildung, der geringste mögliche Bauaufwand zur grundlegenden Maxime beim Entwickeln der Tragkonstruktion. Bei der Umsetzung spornte Friedrich Wagner sich und seine Mitstreiter immer wieder mit dem Stehsatz an »man wird ja noch etwas tun dürfen«. Das gemeinsame Planen und Konstruieren machte den Bau nicht nur laufend besser und schöner, sondern auch kostengünstiger.

Wagner stellte nicht nur an sich, sondern auch an seine Mitarbeiter von der Ingenieurseite, was den Entwurf der Tragstruktur, deren Aussehen und deren konstruktive Durchbildung betraf, hohe Ansprüche hinsichtlich der Qualität und dem der Tragstruktur ablesbaren Ordnungsprinzip, und zwar sowohl was den Hallenraum als auch die Gestalt des Baukörpers betraf. Sein Anliegen: die im Bauwerk Tätigen sollen Freude bei der Arbeit und die an ihm Vorübergehenden Freude an dessen Erscheinung haben. Und das ist ihm von Anfang an sowie auf Dauer gelungen.

Nicht allein der Gesamtentwurf war Friedrich Wagner ein Anliegen, sondern auch das konstruktive Detail. Er machte sich dafür hinsichtlich des Verhaltens der Baustoffe, die von ihm für die bauliche Umsetzung gewählt wurden, ebenso kundig, wie was die Herstellung der Teile und deren Montage betraf. Eine andere immer wieder von ihm erhobene Forderung war "the detail is as important as the whole". In deren fortwährender Betrachtung liegt wohl das Geheimnis, dass dieser Bau ohne Schäden auch heute noch funktioniert und mit Anstand über die Zeit gekommen ist.

Die Halle — eine durchgehende Bodenplatte, auf dieser einheitliche Fundamentkörper, ein durch sie gebildeter Fundament- und Installationskeller, gleichmäßig verteilte und weit gestellte Stützen, ein Dachtragwerk gleicher Höhe bestehend aus eng liegenden Wabenträgern als Dachträger und normal zu diesen über den Stützen durchlaufenden und mit diesen steig verbundenen Hauptträgern, an den Dachträgern und angehängte Kranbahnträger und oben aufliegende quadratische Kassettenplatten zur Deckung, eine an den außen liegenden Dachträgern angehängte Fassade — einfach und schön!

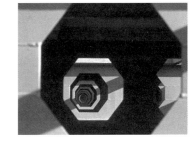

Elementieren, Standardisieren, Minimieren und beanspruchungsgerechtes Konstruieren waren die Entwurfsgebote dieser Zeit und das Ergebnis konsequenter Anwendung ein in diesem Falle auch nach Jahrzehnten seiner Widmung gerecht werdender, noch immer ansehnlicher Bau.

Im Anschluss an den Bau der MPA durfte ich mit Friedrich Wagner zwei Schirme aus Stahl und Aluminium in Stuttgart-Vaihingen als Überdachung von PKW-Abstellplätzen bauen, von denen jeder durch vier Hypar-Profilblechschalen gebildet wird. Ein gut gelungenes Beispiel qualitätsvollen Bauens im Verborgenen.

Friedrich Wagner blieb nach dieser Zeit in Stuttgart. Ich ging über den Umweg Wien und München zurück nach Graz. Beide waren wir später an den Architekturschulen unserer Heimatstädte bemüht, unser erarbeitetes Wissen und unsere gemachte Erfahrung an Architekturstudenten weiter zu geben. Bei dieser Tätigkeit erinnerte ich mich als Bauingenieur an die mit ihm damals noch am Zeichentisch geführten Entwurfsgespräche und an mein dabei gewonnenes Verständnis für die Arbeit mit Architekten. Deshalb möchte ich ihm, quasi als einer seiner ersten und heute als Emeritus ältester Schüler, für die bei diesen Gesprächen gewonnene Basis danken, auf der ich dann als Tragwerkslehrer viele Jahre tätig sein konnte.

Ich wünsche, Friedrich Wagners Werkschau möge das nötige Interesse finden, dem einen oder anderen Architekturstudenten für das gewählte Studium und die gewählte Profession begeistern und ihm selbst, beim Betrachten des einen oder anderen Bildes, ein stolzes Erinnern an sein Schaffen geben.

Die Materialprüfungsanstalt Stuttgart im Bau 1968

Vermittelte Baukultur — Friedrich Wagner in der Lehre

Friedrich Grimm

Aus Friedrich Wagners Büro im Pfaffenwaldring geht der Blick über baumbestandene Rasenflächen bis hinüber zur Materialprüfanstalt, deren Fassade nicht erkennen lässt, dass sie mittlerweile bereits vor über 40 Jahren gebaut worden ist. Mit seinen pneumatisch tiefgezogenen Fassadenpaneelen aus walz- und pressblankem Aluminium präsentiert sich das Gebäude in einwandfreiem Zustand und hat lediglich im Lauf der Jahre — so wie beabsichtigt — eine Patina auf den metallischen Oberflächen gebildet. Das von Friedrich Wagner 1966 mit technischer Unterstützung der MPA entwickelte, innovative Tiefziehverfahren, bei dem Reinaluminium ohne Stempel, nur mit Luftdruck in eine Negativform gedrückt wird, hatte seinerzeit absolut blanke Ansichtsflächen der Paneele, ohne jegliche Zieh- und Kratzspuren geliefert.
Im Laufe der Jahre wurde die MPA durch zusätzliche Bauten immer wieder erweitert, sodass das Planungsbüro des Architekten heute von eigenen Bauten umgeben ist. Dies ist nicht nur ein seltener Zufall, sondern der Beleg für die vertrauensvolle Zusammenarbeit mit dem Bauherrn, die in Friedrich Wagners Architekturauffassung begründet ist. Das Bauen begreift er als einen Dienst am Bauherrn und im weiteren Sinne an der Gesellschaft. So ist auch heute noch das Planungsbüro im Pfaffenwaldring die Wirkungsstätte Friedrich Wagners.
Zu einer zweiten Wirkungsstätte wurde für ihn der Lehrstuhl 2 für Baukonstruktion und Entwerfen der Universität Stuttgart. Angefangen hatte alles mit dem Architekturstudium, das ihn vom fränkischen Naila aus nach Stuttgart führte. Bereits nach einem Jahr erhielt er die Möglichkeit, als Fulbright-Stipendiat für ein Jahr in Kalifornien am Claremont College in der Abteilung für bildende Künste, Malerei und Bildhauerei zu studieren. Nach Stuttgart zurückgekehrt, beendete er sein Architekturstudium bei Professor Wilhelm zu einer Zeit, als Erwin Heinle und Günter Behnisch Assistenten am Institut für Baukonstruktion waren. »Professor Wilhelm übte auf die jungen Architekten damals eine große Anziehungskraft aus, weil er politisch als integer galt und als Architekt eindeutig der Moderne zugewandt war«, erinnert sich Friedrich Wagner und berichtet von den skandinavischen Architekten, die damals in der Nachkriegszeit einen außerordentlichen Einfluss auf diejenigen Architekten und Studenten ausübten, die einen Neuanfang suchten. Backsteinbauten, wie die Bauten der Universität Arhus von Kay Fisker, Povl Stegmann und C.F. Moeller und andere Bauten bekannterer Architekten, wie z.B. Arne Jacobsen und Alvar Aalto, erfüllten den aus der Stuttgarter Tradition kommenden Anspruch

Institut für
Baukonstruktion,
Lehrstuhl 2
im Jahr 1987

des werkgerechten Bauens und bildeten mit ihrer formalen Abstraktion die Brücke zur Moderne. Nach dem Diplom 1956 hielt es Friedrich Wagner nur kurz in dem Büro von Professor Wilhelm. Seine eigentlichen Lehr- und Wanderjahre begannen. Über New York führte sein Weg nach San Francisco und schließlich nach Chicago, wo er am IIT als Graduate Student bei Mies van der Rohe studierte, um anschließend zwei Jahre im Büro von Mies van der Rohe zu arbeiten. Diese Zeit war für ihn prägend. Im Büro wurden zu dieser Zeit gerade die letzten Werkzeichnungen für das Bacardi-Gebäude in Santiago de Cuba erstellt, die leider bald für immer in den Schubladen verschwinden sollten. An den zahlreichen Varianten für den Stützenkopf dieses Gebäudes, die als Modelle nebeneinander aufgereiht dalagen, begann er plötzlich feinere Unterschiede wahrzunehmen und konnte den Entwicklungsprozess zum klareren und schöneren Detail nachvollziehen. »In einem solchen Büro, wo man als junger Mensch von allen Verantwortungen abgeschirmt, von allen Fährnissen der Welt — behütet wie in einer großen Familie — sich nur um bauliche und architektonische Probleme zu kümmern braucht, wo daran solange gearbeitet wird, bis ein befriedigender Zustand erreicht ist, da entwickelt man natürlich Maßstäbe, an denen man dann die Möglichkeiten für die Zukunft misst«, schrieb Friedrich Wagner anlässlich der Verleihung des Mies-van-der-Rohe-Preises am 4. Mai 1990 im Rückblick auf seine Chicagoer Zeit, die er als eine sehr glückliche empfand.

Über London und Belgien zurückgekehrt, warteten am Universitätsbauamt in Stuttgart in den Jahren 1961—71 interessante Aufgaben auf ihn.

Anfang der 70er Jahre bestimmte die Suche nach Bausystemen und Methoden zur Industrialisierung des Bauens Lehre und Forschung am Institut. Mit seinen Erfahrungen aus den USA und den bereits realisierten Bauten, wie z.B. dem Hörsaalprovisorium mit einem der ersten weitgespannten Dächer aus Max Mengeringhausens elementiertem Raumfachwerk (Mero-System), hatte er gebaute Architektur vorzuweisen, die andere Architekten gerade erst als theoretisches Ziel formuliert hatten. Folgerichtig nahm er bereits ab 1973 Lehraufträge am Institut wahr.

Mit der Berufung von Peter C. von Seidlein auf den Lehrstuhl 2 für Baukonstruktion und Entwerfen im Jahr 1974 erfuhr die Baukonstruktionslehre eine klare inhaltliche und methodische Ausrichtung, die sich wohltuend von den teilweise funktions- und konstruktionslosen Kunstübungen abhob, die andere Lehrstühle im Gefolge einer allgemeinen Liberalisierung der Lehre nach der studentischen Revolution der 68er Jahre pflegten. Wie ein erratischer Felsblock ragten die an Funktionserfüllung und materieller Realisierbarkeit orientierten Entwurfsaufgaben aus dem bunten Spektrum des Lehrangebots heraus, dessen vagabundierendes Interesse sich vom Billigwohnen in Manhattan über die touristische

Anbindung entlegener Gebiete Afrikas bis hin zu einer »Behausung für unsere gefiederten Freunde« erstreckte. Umso erstaunlicher ist die Tatsache, dass seit Anfang der 70er Jahre in der Unterstufe unter Federführung des Lehrstuhls 2 für Baukonstruktion im Rahmen der integrierten Projektarbeit eine fachübergreifende Lehre realisiert werden konnte. Unter praxisähnlichen Bedingungen arbeiteten die Studenten hier in Arbeitsräumen an der Universität zusammen und entwickelten unter Anleitung von Betreuern und Fachberatern einen eigenständigen Entwurf zu einem vorgegebenen Projekt. Aus heutiger Sicht steht fest, dass ein Großteil der Beliebtheit der Stuttgarter Architekturschule bei den Architekturstudenten auf dieses integrierte Projekt zurückzuführen ist. Dabei erfordert diese Art der Lehre einen erhöhten Aufwand bei Organisation und Durchführung und hängt von dem Engagement der Betreuer und Fachberater ab. Der für den Studenten erlebbare Praxisbezug manifestierte sich auch in dem Engagement junger, externer Architekten und Architektinnen, die der Lehrstuhl für die Betreuung der Studenten gewinnen konnte. Friedrich Wagner hat von Anfang an bei dieser Form der Lehre mitgewirkt.

Seit 1980 ist er Honorarprofessor am Lehrstuhl 2. Mit seiner Hilfe konnte die erfolgreiche Form der integrierten Lehre auch auf die Oberstufe ausgedehnt werden. In der Lehre ergänzten sich Peter C. von Seidlein und Friedrich Wagner hervorragend. Während von Seidlein das theoretische Gerüst einer an naturwissenschaftlichen Fakten orientierten Baukonstruktionslehre lieferte, konnte Friedrich Wagner die Studenten durch große Erfahrung und ein fast unerschöpfliches Detailwissen überzeugen. Im Entwerfen und Konstruieren sehen beide Professoren einen Entwicklungsprozess, in dem es gilt, divergierende Anforderungen wie Konstruktion, Funktion und gebäudetechnische Fragen zu einem Bauwerk als Ganzes zu integrieren. Das von den Mitgliedern des Instituts vorbereitete Lehrangebot forderte diesen Integrationsprozess geradezu heraus und variierte das Thema der großen Spannweite immer mit Bezug zu aktuell anstehenden Bau- und Planungsaufgaben, wie z.B. einem ICE-Bahnhof, einer Messehalle, einem Sportstadion oder einem Palmenhaus. Der Skelettbau verlangt nach einer Trennung der Systeme Tragwerk, Hülle und technischer Ausbau. Als pädagogisches Instrument eignen sich Entwurfsaufgaben mit großer Spannweite hervorragend zur Einübung dieses Integrationsprozesses, der den Absolventen des Instituts die Fähigkeit zum eigenständigen Denken und Handeln mit auf den Weg gab. Hinter diesem Lehrziel versammelten sich nicht nur die Mitglieder des Lehrstuhls, sondern es gelang auch, externe Fachleute für die Mitarbeit an der Lehre zu gewinnen.

Eine unersättliche Neugier auf neue Herstellungstechniken, Bauprodukte und Baumaterialien beflügelte den Lehrstuhl seit den 80er Jahren und führte schließlich zu Lehrangeboten, die ein Industriepraktikum bei Firmen wie Gartner, Mero oder Vitra umfassten. Auf diese Weise war die Baukonstruktionslehre wie selbstverständlich immer an den technischen Möglichkeiten ihrer Zeit orientiert und befand sich damit im Einklang mit Mies van der Rohes Forderungen, die er 1927 in einer Sonderausgabe der Zeitschrift »Form« an die Baukunst gestellt hat: »Denn nur wo Baukunst sich auf die materiellen Kräfte einer Zeit stützt, kann sie der räumliche Vollzug ihrer geistigen Entscheidungen sein«.

1995 wurde Stefan Behling auf den Lehrstuhl berufen. Die erfolgreiche Organisation der Unterstufenlehre mit der Projektarbeit unter Beteiligung des Instituts für Tragkonstruktionen und Konstruktives Entwerfen wurde im Wesentlichen beibehalten. Dank Friedrich Wagner konnte auch in der Oberstufe das gemeinsame Lehrangebot in der bewährten Zusammenarbeit mit Günter Eisenbiegler und Jan Knippers fortgesetzt werden. Was einmal als Industriepraktikum begonnen hatte, bei dem kleinen Gruppen von Studenten die Gelegenheit geboten wurde, ihre Projekte bei führenden Fassadenherstellern, Stahlbauern oder auch Holzfachbetrieben zu vertiefen, haben sich Dank Stefan Behling die Dinge etwas geändert. Inzwischen suchen führende Unternehmen aus der Bau- und Möbelindustrie den Kontakt zum Lehrstuhl — es kommt zu gemeinsamen Entwicklungsprojekten. Für die Kontinuität der Arbeit des Instituts steht Friedrich Wagner und ist heute wie eh und je ein sehr geschätzter Lehrer für die Studenten und Ratgeber für die Mitglieder des Instituts.
Nüchtern beschreibt er die Situation eines Hochschullehrers folgendermaßen: »Es ist doch überwiegend so, dass eine Zahl von guten bis sehr guten Architekten als Lehrer einer etwas größeren Anzahl von mehr oder weniger vielversprechenden Studenten gegenübersteht. Was die einen von den anderen unterscheidet, ist sicher nicht so sehr die Begabung, sondern der Vorsprung an Wissen und Erfahrung. Auch die Erfahrung, dass Begabung, graphisches Geschick und flott kolportierte Tagesweisheiten nur einen Teil des Weges tragen«.
Hinter der jahrzehntelangen, ununterbrochenen Lehrtätigkeit Friedrich Wagners verbirgt sich eine einfache und tiefe Wahrheit: er ist ein kreativer und humorvoller Mensch. »Mit der Kreativität geht es mir ein wenig so, wie mit dem Lachen. Beides sollte aus einem inneren Überfluss kommen. Wenn man es durch Kitzeln erzeugen muss, bleibt es eine sterile Reaktion«.

Gegen Ende unseres Gesprächs hatte ich meinen durch gezielte Fragen vorbereiteten roten Faden längst verloren und trotzdem mehr erfahren als erhofft — etwas, was typisch ist für die Begegnung mit Friedrich Wagner, dessen Denkfiguren mehr durch Spiralen als durch Geraden zu beschreiben sind.

Zusammenarbeit in der Holzbaracke

Prof. Matthias Loebermann

Meine Geschichte mit Friedrich Wagner beginnt schon zu Beginn des Studiums, er war mein Baukonstruktionsbetreuer in der Unterstufe an der Universität Stuttgart. Ich habe dort seine Fähigkeit schätzen gelernt, einen Entwurfsgedanken von der strukturellen Idee bis zum Detail im Masstab 1:1 konsequent zu entwickeln. Er war auch in der Oberstufe immer ein guter Lehrer und Berater, und wir bemerkten beide, dass wir oft ähnliche Gedanken und Überlegungen zu bestimmten Fragestellungen im Gespräch entwickelten. So entstand der Wunsch, nach Beendigung des Studiums auch bei ihm im Büro zu arbeiten, aber leider wurde daraus nichts, mangels Aufträgen, die zwei Leute ernähren könnten.
Nach knapp einem Jahr, im Frühjahr 1991, bekam ich dann völlig überraschend einen Anruf aus der »Vaihinger Holzbaracke« von Friedrich Wagner, »ob ich nicht mal vorbeischauen könnte, er hätte etwas zu besprechen«.

Nach ausschweifenden, aber sehr unterhaltsamen Themen der Tages- und Weltpolitik kam er dann schließlich zum eigentlichen Anlass meines Besuches: einem neuen Projekt, das er für das Universitätsbauamt realisieren solle, ein Verfügungsgebäude, bei dem ich mitarbeiten könne.
Meine erste Reaktion war etwas zurückhaltend, da ich mir nichts unter der Nutzung eines Verfügungsgebäudes vorstellen konnte. Friedrich Wagner versuchte daraufhin, mir zu erklären, was der Sinn und Zweck eines solchen Gebäudes sei. Die Landesregierung hatte ein Programm aufgelegt, das es jedem Universitätsstandort ermögliche, für Forschungsvorhaben eine Art Leihlabore zu generieren, die nach Ablauf des jeweiligen Forschungsauftrages an andere Interessenten weiterverteilt werden sollten. Es konnten also nur Einrichtungen einziehen, die bereits mit Instituten am Standort vorhanden waren und deren Flächen zu klein waren um bestimmte Forschungsaufgaben zu erledigen. In diesem Fall sollten Institute mit einem Arbeitsspektrum von relativ einfacher Pflanzenzucht bis hin zu hochkomplexen strahlenbelasteten Untersuchungen einziehen.
Das Interessante an dem Projekt war aber auch die Vorgabe des Bauherren (Land Baden-Württemberg), zwar eine budgetierte Bausumme vorzugeben, aber kein verpflichtendes Raumprogramm.

Der Ehrgeiz von Friedrich Wagner war aus seinen langjährigen Erfahrungen im Institutsbau, dass Fläche und nicht unbedingt Ausstattungsstandard entscheidend für die Entwicklungsfähigkeit von

Forschern ist. So war unser Bestreben, im Entwurf ein möglichst großes Haus zu errichten, um den Nutzern damit gute Entwicklungspotentiale zu ermöglichen. In vielen Gesprächen mit den potentiellen Erstnutzern wurden dann inhaltliche Ausstattungsstandards festgelegt, um damit eine Kostenschätzung der jeweiligen Entwurfsvarianten vornehmen zu können.

Am Ende des Entwurfsprozesses konnten wir gemeinsam mit dem Bauherrn und den Nutzern dann einen Entwurf verabschieden, der das zunächst erwartete Raumprogramm um etwa 30% übertroffen hat.

Das dreigeschossige Haus wurde relativ weit von der Erschließungsstraße hangabwärts in das sanft abfallende Gelände eingefügt, um so die wahrnehmbare Höhe um ca. ein Geschoss zu reduzieren. Über eine verglaste Stahlbrücke gelangt man deshalb ins 1.OG.

Das Gebäude zeichnet sich durch eine klare innere Ordnung aus. Es ist als lang gestreckter Baukörper (ca.60m) nord-südorientiert. Die Laborräume gehen alle nach Norden, Büro-, Besprechungs- und Nebenräume nach Süden.

Als besonderer Entwurfsgedanke wurde die Nutzung des Daches für die Forschung entwickelt. Zwei Schrägverglasungen entlang der Technikzentrale erzeugen zwei Gewächshäuser auf dem Dach und vergrößern dadurch die Nutzfläche nicht unwesentlich. Diese Dachverglasung nimmt zusätzlich Bezug auf die von Gewächshäusern geprägte Baustruktur der Universität Hohenheim.

Das Gebäude ist als Stahlbetonskelettbau mit Pfosten-Riegelkonstruktion und hinterlüfteter Aluminiumblechfassade konstruiert. Seitlich auskragende, durchgehende Putz- und Fluchtbalkone aus Stahl gewährleisten zusätzlich Sonnenschutz. Vor den Besprechungsräumen an den Kopfenden wurde im Süden ein Sonnenschutz aus großen, drehbaren Aluminiumlamellen angebracht.

Die Ausstattung entspricht im Wesentlichen den Anforderungen der Nutzer an eine gewisse »Robustheit und Unverwüstlichkeit«. An einigen Stellen konnten jedoch über das Praktische hinaus architektonische Elemente integriert werden, die dem Haus einen gewissen Charme verleihen, so z.B. die perforierte Holzwand als Absturzschutz der Treppenhäuser oder die durchgehenden Oberlichtverglasungen der Flure mit den integrierten vertikalen Beleuchtungen, die eine schöne Gliederung der langen Erschließungszonen gestatten. Besonders zu erwähnen ist die Zusammenarbeit mit dem Künstler Gert Riel, der die an sich obligate »Kunst am Bau« in diesem Fall mit uns zusammen entwickelt und zu einer untrennbaren Einheit verwoben hat. Seine geschnittenen und verschobenen, im Belag bündig eingelassen Stahlplatten im Zugangbereich, sowie die speziell von ihm entwickelten Stahlabdrucke dieser

Platten im Foyer nehmen einen spannenden Dialog mit der präzisen Architektur Friedrich Wagners auf. Im Frühjahr 1994 konnte der Bau eingeweiht und von den Erstnutzern bezogen werden.

Die Zusammenarbeit mit Friedrich Wagner in seinem kleinen Büro in der Holzbaracke auf dem Vaihinger Universitätsgelände war etwas Besonderes.
Dieser Ort war mir schon aus Studentenzeiten bekannt, da Friedrich Wagner manchmal Korrekturen oder spezielle Beratungen dort abhielt. Zwei Arbeitsräume, eine kleine Toilette und nebenan eine Schreinerei, das ist bis heute sein Büro. Er residiert dort seit seinen ersten Bauten für die Universität in Vaihingen. Damals war es das Baubüro und blieb es bis heute. Schwerer Zigarrendunst empfängt den Besucher, über viele Jahrzehnte wurden alle Bücher, Pläne, Kataloge und sonstige Gegenstände »eingequalmt«, und geben diesen durchaus nicht unangenehmen Duft an den Benutzer dieser Gegenstände wieder ab.
Einige Requisiten faszinieren bis zum heutigen Tag jedoch besonders: die kleine Kaffeemaschine, mit der ein Espresso nach »Herren Art« gebraut werden konnte, notfalls so stark, dass der Löffel mühelos darin stehen blieb, die Original Mayline Zeichenschiene aus Chicago, der Weltempfänger, der ab 20 Uhr eingeschaltet wurde und die kleine Baracke mit der ganzen Welt in Verbindung brachte, und nicht zuletzt das alte Archiv mit Originalblaupausen der Crown Hall und des Bacardi Gebäudes, an dem Friedrich Wagner bei Mies im Büro arbeitete.
Von diesen Plänen und den vielen kleinen Mustern und Modellen ging ein unheimlicher Reiz aus, der bis heute nichts von seiner magischen Kraft verloren hat.

Friedrich Wagner, nicht gerade ein Frühaufsteher, kam immer zwischen 9 und 10 Uhr ins Büro, blieb dafür aber meist bis Mitternacht, unterbrochen nur von einem kurzen Mittagessen zu Hause in Botnang mit seiner Frau und seinen Kindern, die den Vater sonst nur am Wochenende gesehen hätten.
Für Friedrich Wagner war meine Zeit im Büro ebenso spannend wie für mich, da ich der einzige langfristige Mitarbeiter in der Baracke war. Er hatte bisher immer alles alleine gemacht, nur unterstützt von seinem langjährigen Bauleiter, Herbert Maier. Nun mussten plötzlich die Aufgaben geteilt und koordiniert werden. Honorarverhandlung mit dem Bauherren, Abstimmungen mit den Genehmigungsbehörden bis zu Nutzergesprächen und Koordination der Fachingenieure gehörten schnell zu meinem Alltag. Auch das lästige Schreiben von Aktennotizen, und die gesamte Korrespondenz übernahm ich nahezu geräuschlos. Er konzentrierte sich voll auf den Entwurf und die Entwicklung von Details.

Wir waren ein wunderbar eingespieltes Team, bei dem höchstes Ziel immer die qualitätvolle Entwicklung und Umsetzung von Architektur war. Dies gelang aber bei dieser sehr intensiven Zusammenarbeit nur deshalb so gut, weil jeder den anderen unabhängig von Alter und Erfahrung als gleichwertigen Partner respektierte. Deshalb ist mir Friedrich Wagner heute mehr als ein Arbeitgeber auf Zeit, er wurde zu einem wirklichen väterlichen Freund.

Bauherr und Architekt

Dr. Klaus Herrmann

Das Deutsche Landwirtschaftsmuseum, zentrale Einrichtung der Universität Hohenheim, ist für jeden, der sich darauf einlässt, eine Herausforderung. Dies gilt vor allem im Hinblick auf seine bis auf das Gründungsjahr der ältesten deutschen landwirtschaftlich ausgerichteten Hochschule, 1818, zurückreichenden historischen Sammlungen. Dies trifft aber auch für die Art der Exponate im Speziellen zu. Sie reichen von der Briefmarke mit landwirtschaftlichem Motiv bis hin zum 50 Tonnen schweren 2-Maschinen-Dampfpflug-System und spiegeln damit das faszinierende Spektrum der Landwirtschaft wider. Landwirtschaft ist nun einmal Samenkorn und Mähdrescher, Kalb und Rinderseuche, Natur und chemischer Pflanzenschutz, oder anders ausgedrückt, klein und groß, wenig und viel, lieb und brutal. Spannung ist auf jeden Fall reichlich geboten und überträgt sich mehr oder wenig zwangsläufig auf die damit befassten Menschen. Sie müssen – wie die Bauern bei ihrer witterungsabhängigen Arbeit – offen sein für Sonne und Regen, für Frost und Hitze, auf jeden Fall aber einiges aushalten können.

Dies war die Ausgangssituation, als sich 1995 dem Deutschen Landwirtschaftsmuseum auf dem Hohenheimer Chausseefeld die Chance bot, eine neue Themenhalle »Motorisierung der Landwirtschaft« bauen zu können. Ein erstes Ausstellungskonzept, Fläche und Mittel waren vorhanden, allein es fehlte an Zeit. Da brachte das Universitätsbauamt Professor Friedrich Wagner als Architekten ins Spiel. Er hörte sich die Wünsche des Museums an, die vor allem darauf abzielten, möglichst viele Objekte der umfangreichen Traktorensammlung des Museums in angepasstem Ambiente zur Aufstellung zu bringen. Der Vorschlag von Professor Wagner bestach von Anbeginn an. Eine 1600 qm große, viereckige Halle sollte es sein, zu deren besonderen Merkmalen eine nahezu unbegrenzte Tragfähigkeit des Bodens sowie eine auf vier Betonstützen ruhende, weitgehend Licht durchlässige Dachkonstruktion mit einer Höhe von bis zu 8 m zählten. Ein umlaufendes Fensterband sollte zum einen zusätzliches Tageslicht in die Halle bringen, vor allem aber beim Betrachter den Eindruck entstehen lassen, dass sich die zur Ausstellung kommenden landwirtschaftlichen Fahrzeuge gleichsam im Gelände befinden.

Das Museum spürte, dass sich der Architekt mit dem Thema der Ausstellungshalle, der landwirtschaftlichen Motorisierung, auskannte. Die besondere Ästhetik der Landmaschinen war für ihn keine

Floskel, sondern sie floss unmittelbar in die Baupläne ein, etwa als es darum ging, sich für eine Beton-Holzkonstruktion zu entscheiden. Beide Werkstoffe finden in der Landwirtschaft Verwendung: Beton, wenn es um hohe Funktionalität und extreme Tragfähigkeit geht, Holz, wenn naturnahes Bauen gefragt ist. Auf jeden Fall aber passten beide Werkstoffe zum Landwirtschaftsmuseum, für das es wichtig ist, dass sich seine zumeist aus dem ländlichen Raum stammenden Besucher mit ihm identifizieren können.

Die Entscheidung für die Pläne von Professor Wagner fiel in Abstimmung mit dem Universitätsbauamt. Alle Beteiligten kamen überein, angesichts der kurzen, für den eigentlichen Bau zur Verfügung stehenden Zeit auf bewährte Baufirmen zurückzugreifen. Für die Betonbauten war dies das alteingesessene Stuttgarter Bauunternehmen Gebr. Fahrion und für die Holzbauten die Firma Stephan, Gaildorf. Beide Unternehmen hatten den besonderen Reiz des Objekts erkannt, was nicht zuletzt daran ersichtlich wurde, dass sie zur Bauausführung gut harmonierende, kompetente Handwerkergruppen einsetzten.

Die Bauaufsicht wurde von Professor Wagner bzw. seinem Mitarbeiter Herbert Maier während der ganzen Baumaßnahme vor Ort durchgeführt. Probleme konnten so an der Baustelle, häufig im Beisein des Leiters des Universitätsbauamts, Klaus Schmiedek, abgeklärt werden. Wo bei anderen Baumaßnahmen umfangreiche Schriftsätze erforderlich sind, reichte hier eine verbindliche Absprache aus. Dabei wurde nichts beschönigt, reibungsfrei war die Abstimmung nicht. Allerdings war die deutliche Sprache auf dem Bau den Landwirten nicht fremd. Bei den Bauern wie auf dem Bau gehören Differenzen ausgetragen, wenn am Ende ein vorzeigbares Ergebnis erzielt werden soll. Dieser Prozess funktioniert, wenn der Grundtenor stimmt. Und genau dies war bei der Halle »Motorisierung der Landwirtschaft« uneingeschränkt der Fall. Bauherr, Architekt und die beteiligten Firmen wollten ein vorzeigbares Ergebnis, wohl wissend um die vor allem durch die begrenzt verfügbaren Mittel definierten Grenzen. So wurde bewusst auf einen aufwändigen Innenausbau verzichtet, auch bei dem großen Hallentor entschied man sich für eine pragmatische Lösung.

Insgesamt nahm das Projekt einen raschen Fortgang, der selbst durch massive Witterungsunbill nicht nachhaltig verzögert werden konnte. Die konsequente Präsenz des Architekten vor Ort war der entscheidende Garant für die gemeinsame Suche nach Lösungen, die sich dann auch im Interesse des Baus zügig finden ließen. Das stimmige Umfeld der Baumaßnahme legte denn auch die Durchführung eines ordentlichen Richtfests nahe. Die im Richtspruch zum Ausdruck gebrachten guten Wünsche der Handwerker waren ein sichtbarer Beleg für das ergebnisorientiert gute Zusammenwirken aller Beteiligten.

In der Landwirtschaft gilt das geflügelte Wort, dass der beste Kunde derjenige ist, der wiederkommt. Im Falle des Deutschen Landwirtschaftsmuseum hieß dies, dass die Zusammenarbeit mit Professor Wagner noch bei zwei weiteren Bauvorhaben erfolgreich praktiziert wurde. War die Errichtung eines Schutzdachs für landwirtschaftliche Geräte im Ausstellungsgelände Filderhauptstrasse eine eher kleinere Aktion, so handelte es sich bei dem im Jahre 2003 in Angriff genommenen Neubau einer Erntetechnikhalle wieder um eine größere Baumaßnahme. Nach den Vorgaben der Motorisierungshalle sollte hier für die historisch wertvollen Erntemaschinen des Landwirtschaftsmuseums eine 900 qm große Ausstellungshalle errichtet werden. Dr. Helmut Claas, Harsewinkel, als Spender hatte das Projekt möglich gemacht und durch die Drittmittelfinanzierung die Chance eröffnet, im vereinfachten Verfahren bewährte Partner für das Projekt zu gewinnen.

Erneut überzeugten die Planungen von Professor Wagner. Sie trugen den Vorstellungen des Landwirtschaftsmuseums in vollem Umfang Rechnung und fanden bei der Halleneröffnung im Juni 2004 auch die volle Zustimmung des Geldgebers. Kehrt man nochmals zu dem eingangs beschriebenen Spannungsverhältnis in der Landwirtschaft zurück, so ist es dem Architekten Professor Wagner gelungen, den Erwartungen des Bauherrn und seiner Geldgeber zu entsprechen, mehr noch, sie zu übertreffen. Das Deutsche Landwirtschaftsmuseum hat dank der Ausstellungshallen von Professor Wagner ein eigenes Gesicht erhalten, das sich beim Nutzer, den Besuchern und dem sonstigen Publikum großer Zustimmung erfreut.

Blanke Aluminiumfassaden

Friedrich Wagner

In den sechziger Jahren hatte ich mich vom Beginn meiner beruflichen Tätigkeit an mit der Planung von Werkhallen im Bereich der universitären Forschung zu beschäftigen. Diese Bauten haben im Grunde Industriebaucharakter und müssen meist innerhalb eines relativ engen finanziellen Rahmens verwirklicht werden. Andererseits soll ihr Erscheinungsbild nicht völlig aus dem Zusammenhang des Universitätsbereichs herausfallen. Aluminium als dauerhafter, wartungsfreier, gut zu verformender und leicht zu bearbeitender Werkstoff schien mir schon immer für Industriebaufassaden sehr geeignet zu sein. Leider ging damals in den sechziger Jahren dem Aluminium der Ruf des Exklusiven, Teueren voraus; vermutlich dadurch unterstützt, dass vorzugsweise im Goldton anodisiertes Aluminium zuerst bei Banken und ähnlichen Institutionen eingebaut wurde. Bei materialgerechter Planung und Herstellung stimmte dieser dem Aluminium anhaftende Ruf objektiv nicht, unter dem Gesichtspunkt der Haltbarkeit schon gar nicht.
Damals interessierte mich im Zusammenhang mit dem Industriebau eine Frage: War der Kostenaufwand für den Anodisierungsprozess unvermeidbar?
In einem Aluminium-Merkblatt aus dem Jahr 1965 las ich: »Die Eigenschaften, auf denen die Eignung des Aluminiums für Bedachungen beruht, sind:

1. Gute Beständigkeit gegenüber Einflüssen der Atmosphäre und der Einwirkung von Rauchgasbestandteilen (Ammoniak, Kohlen- und Schwefeldioxyd). Die Verlegung kann in metallblankem Zustand erfolgen, da die natürliche Oxydhaut das Aluminium vor Korrosion schützt. Die Schutzwirkung wird dadurch noch erhöht, dass sich die Oxydhaut im Laufe der Zeit verstärkt; wird sie verletzt so bildet sie sich neu. Es besteht die Möglichkeit, diese Schutzhaut von vornherein durch anodische Oxydation zu verstärken. Von dieser Möglichkeit wird besonders dann Gebrauch gemacht, wenn aus ästhetischen (!) Gründen matt getönte den metallisch blanken Oberflächen vorgezogen werden. Natürlich muss, wie bei jedem Metall, auch vor dem Verlegen von Aluminium überprüft werden, wie die örtlichen Verhältnisse hinsichtlich möglicher Korrosion sind.
Nur in wenigen Sonderfällen ist die Verwendung von Aluminium nicht zu empfehlen, z.B. bei höherer Konzentration bestimmter aggressiver Bestandteile von Industrieabgasen.«
Oder, so würde ich hinzufügen, in Meeresnähe.

Es heißt weiter: »2. Grosses Wärmerückstrahlvermögen. Es beträgt bei Sonneneinstrahlung auf blanke Oberflächen etwa 80%, auf matte Oberflächen etwa 60%.
Ein Versuch ergab z.B., dass die Raumtemperatur bei drei aus verschiedenen Werkstoffen, sonst jedoch gleichartigen, ohne Wärmedämmung in den Tropen erbauten Schuppen nur bei dem Schuppen aus Aluminiumblech niedriger war als die Außentemperatur im Schatten.
3. Gute Verformbarkeit und leichte Verabeitungsfähig. Aluminium lässt sich im weichen und halbharten Zustand mit Leichtigkeit drücken, treiben, biegen, falzen, feilen, bohren usw.
4. Ungiftigkeit. Traufwasser kann aufgespeichert und für die verschiedensten Zwecke ohne Bedenken verwendet werden.«
Neben historischen Beispielen aus den Jahren 1897, Kuppel Gioadcino in Rom, 1903, Kuppel Tempio Israelitico, Rom, 1911, Kuppeldach Barmer Bankverein, Düsseldorf, und 1928, Dächer der BVG-Siedlung in Berlin, wurde als neueres Beispiel das 1952 gebaute Dach der Westfalenhalle beschrieben: »Dieses Dach wurde in handwerklicher Deckung als Leistendach mit AlMn-Blech, 0,7 mm dick, eingedeckt und hat der feuchten und aggressiven Industrie-Atmosphäre des Ruhgebiets bis heute ohne Schaden widerstanden. Eine im Jahr 1967 durch das Staatliche Materialprüfungsamt NW in Dortmund durchgeführte Untersuchung hat den einwandfreien Zustand der Dachdeckung bestätigt. Nach den Untersuchungen von 1969 und 1967 bestätigt das Prüfgutachten: unter den gleichen atmosphärischen Bedingungen kann deshalb mit einer mehrere Jahrzehnte währenden Brauchbarkeit der Aluminiumbedachung gerechnet werden.«

Der blanke Wahnsinn
Wir zogen daraus den Schluss: Wenn das alles für Dächer galt, warum dann nicht erst recht für Außenwandverkleidungen! Weil das Universitätsgebiet Stuttgart-Vaihingen oberhalb des Talkessels, waldnah und industriefern liegt, wagten wir es, die Außenhaut der Werkhalle der Staatlichen Materialprüfungsanstalt Stuttgart (MPA) in walz- und pressblankem Aluminium auszuführen.
Auf viele Detailfragen war eine Antwort zu finden. Da Bearbeitungsspuren, vor allem Schleifspuren, sichtbar bleiben, musste dem konstruktiv Rechnung getragen werden. Die Rahmenecken wurden nicht, wie damals, weitgehend üblich stumpfgeschweißt mit nachträglichem Verputzen, sondern mechanisch verbunden und verklebt.
Für die geschlossenen Paneele entwickelte ich mit technischer Hilfe der MPA ein pneumatisches Tiefziehverfahren, bei dem Reinaluminium ohne Stempel nur mit Luftdruck in eine Negativform gedrückt

wurde. Dadurch entsteht eine Ansichtsfläche ohne jegliche Zieh- oder Kratzspuren. Die wenigen Arbeitsgänge bei unserem Verfahren (Grobzuschnitt der Bleche, Tiefziehen, exaktes Besäumen) verglichen mit denen bei üblicher Paneelherstellung (Zuschnitt, Eckausklinkungen, Kantarbeiten an den Rändern, Eckverschweißung, Verputzen) machten unsere Konstruktion bei großem Anteil geschlossener Fassadenflächen wirtschaftlich sehr interessant. Sie bewegte sich im gleichen Kostenbereich wie eine gleichzeitig angebotene Außenwand als Beton-Sandwich-Fertigteilen mit verzinkten Stahlfenstern und Thiokol-Verfugung.

Wie aber nun diese wunderbar blanken Platten unbeschädigt montieren, denn Handschweiß hinterlässt bereits auf blankem Aluminium lang anhaltende Spuren? Die Monteure erhielten täglich frische Einweg-Baumwoll-Handschuhe auf der Baustelle!

Ganz fixe Beobachter nahmen wegen der ungewohnten glänzenden Oberfläche an, es handle sich um eine teure Edelstahlfassade; und da das Land Ende 1966 eine Mini-Rezession durchlief, wurden wir einschlägig beschimpft.

Inzwischen nach gut 25 Jahren Standzeit sind die Oberflächen stumpf und angegraut, was ja beabsichtigt war, sonst aber in einwandfreiem Zustand. Nur am Rand bemerkt: Damals gleichzeitig an anderer Stelle montierte Beton-Sandwich-Fertigteilelemente sind inzwischen äußerst sanierungsbedürftig. Die im Besitze der Wahrheit befindlichen Baukostenspezialisten können sich heute nicht mehr daran erinnern, dass sie seinerzeit eifrig die Mär vom immerwährenden Beton verbreitet haben. Sie stehen zurzeit auf Thermoputz und Natursteinfurnier.

Hinterlüftete Kaltfassade

Beim Bau der MPA handelte es sich um einen Stahlskelettbau mit einer konsequent elementierten Vorhang-Warmfassade, die einfache Maschinenräume wie auch hochwertige klimatisierte Labors mit Elektronenmikroskopen umhüllte. Der Neubau für die Prüfstelle Heizung, Lüftung, Klimatechnik (HLK) ist ein Massivbau mit einer hinterlüfteten Kaltfassade.

Die Masse der gut gedämmten Betonaußenwände soll eine möglichst gleichmäßige Innentemperatur für die Versuche gewährleisten. Wandöffnungen in der Versuchshalle waren unerwünscht, Sonneneinstrahlung völlig indiskutabel. Zunächst waren verschiedene Werkstoffe im Gespräch. Das gute Rückstrahlvermögen der gewählten Alu-Verkleidung trägt ohne Zweifel erheblich zur tatsächlich erreichten Temperaturkonstanz im Innenraum bei. Die Verkleidung besteht aus liegenden, abgekanteten Profilen mit 500 mm Systembreite aus 2,5 mm dickem walzblankem Blech auf einer in drei Richtungen justierbaren Unterkonstruktion aus Aluminium und verzinkten Stahlankern. Um die Mitarbeiter nicht völlig einzubunkern, konnten wir als Kompromiss zwei schmale, verschattete Sichtschlitze aushandeln, die auch an anderen Stellen im Gebäude verwendet wurden. Diese dreiteiligen Beschattungsformteile mussten verschweißt werden. Wenn die verputzten Nähte auch nicht ganz das erzielbare Optimum erreichten, beeinträchtig dies die Gesamterscheinung der Fassade nicht; im robusten Umfeld mit Heizkraftwerk und Kühltürmen wird dieser technisch bedingte »Ästhetikfehler« wohl hingenommen.

Hinterlüftete Außenhaut auf Gleitlagern

Eine Komponentenprüfhalle der MPA in Stahlkonstruktion war mit einer Hülle zu versehen. Die in 15 m Höhe fahrende 135-t-Kranbahn erzeugt im Betrieb große Horizontalkräfte und damit auch relativ große Verformungen des Tragwerks. Die Außenhaut musste also möglichst leicht und flexibel werden. Das Stahltragwerk erhielt eine innere Stahltrapezblechverkleidung mit darauf montierter Wärmedämmung. Davor hängt — auf einer am Fachwerk befestigten Unterkonstruktion — auf Gleitlagern die hinterlüftete Außenhaut: U-förmig gekantete, bis zu 8 m lange Paneele aus einer AlMg-Legierung, 2 mm dick, sind in einer Systembreite von 60 mm mit hinterdeckten Fugen senkrecht angebracht worden.
Da die Bleche offensichtlich aus verschiedenen Herstellungschargen kamen und auch einige Lagerungsspuren aufwiesen, ergab sich zunächst ein gewisses Farbspiel, das sich aber bei den großen geschlossenen Flächen angenehm lebendig ausnahm. Der fortschreitende Oxydationsprozess lässt dies jedoch seit der Errichtung 1980 immer mehr zurücktreten. Die blanken Aluminiumoberflächen sind auch heute noch in einwandfreiem Zustand.

Hyperbolisch-paraboloide Dächer

Aus dem Jahr 1970 stammt der Versuch, eine selbst tragende, dichte Dachhaut aus walzblankem Aluminium herzustellen, die alle Möglichkeiten des Materials zugleich aktiviert: konstruktive, Flächen bildende und wetterbeständige Eigenschaften. In Zusammenarbeit mit den Ingenieuren (Prof. Egger, Prof. Pelikan, Prof. Fischer) wurde der Prototyp einer Schirmkonstruktion aus hyperbolischen Paraboloiden entwickelt.
Es sollte untersucht werden, ob diese Prototypen eine wirtschaftliche Alternative zu den gängigen Flachdachkonstruktionen im Industrie- und Institutsbau sein könnten. Als erster Verwendungszweck kamen Kfz-Unterstellplätze in Frage. In einem internen Konstruktionswettbewerb mit zwei konventionellen Systemen konnte sich unser Vorschlag behaupten. Die Profilblechtafeln sind untereinander

mit den Kippsicherungsrippen sowie den Rand- und Grattträgern durch Nieten verbunden. Die Einzelteile des Gespärres sind durch Schrauben verbunden. Geschweißt sind lediglich der Stützenkopf und der Aussteifungsring der Stütze an der Stelle, an der die Druckstreben angeschlossen sind. Für die Stütze kam als Alternative nur ein feuerverzinktes Stahlrohr in Frage, da ein Aluminiumrohr in der statisch erforderlichen Abmessung nicht serienmäßig hergestellt wird. Der Zustand dieser Konstruktion ist nach 23 Jahren einwandfrei, die Verwendung von Aluminium gewährleistet hier ein wartungsfreies Dach mit besten Reflexionseigenschaften.

Resümee

Die Beobachtung dieser Objekte über Jahre hinweg bestärkt mich in der Auffassung, dass bei sorgfältiger Beobachtung der atmosphärischen Bedingungen und aller sonstigen Umwelteinflüsse Aluminium häufiger in der äußerst wirtschaftlichen Form von walz- oder pressblanken Bauteilen am Bau verwendet werden könnte.

Zum Schluss noch eine Blick auf das anfangs zitierte Merkblatt von 1965: »Hoher Schrottwert: Aluminium-Abfälle und Aluminium-Dächer von abzureißenden Gebäuden haben stets einen verhältnismäßig hohen Schrottwert.«

Das lässt sich schließlich nicht von jedem modernen Patentbaustoff sagen, der nicht so leicht in den Kreislauf zurück zu befördern ist.

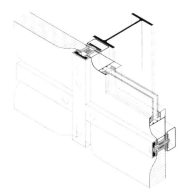
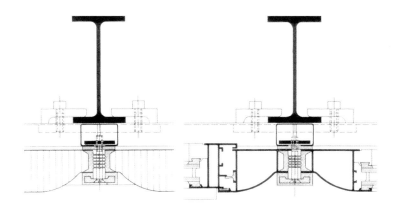

Details zur Aluminiumfassade der Materialprüfungsanstalt Stuttgart

»Ich habe immer nur aus Notwehr erfunden«

Friedrich Wagner im Gespräch mit Stefan Behling, Jürgen Braun, Peter Seger und Stephan Birk

Herr Wagner, wie war es bei Mies van der Rohe in Chicago?
Zunächst kam man sich wie ein Glückskind vor, dass man die Gelegenheit bekam dort zu arbeiten, denn das war ja nicht selbstverständlich. Aber nun war ich schon einmal in Chicago, um am IIT zu studieren, und als im Büro ein Platz frei wurde, hat mich, glaube ich, Jan Lippert empfohlen, der damals Bacardi Santiago di Cuba bearbeitete.
Mies hat sein Büro betrieben wie jeder andere Profi in Chicago auch. Das fing um 9 Uhr morgens an und hörte zu einer normalen Uhrzeit abends auf. Zu der Zeit arbeiteten circa 20—25 Leute im Büro, bezahlt wurde ebenso viel wie bei Skidmore, ich glaube so 100—120 Dollar die Woche.
In Amerika war der Architekt kein Künstler, sondern ein »Professional«. Wir gingen jeden Tag mit einem frischen weißen Hemd und einer Krawatte ins Büro. Das war halt so.
Gesprochen wurde natürlich nur englisch im Büro. Ein einziges Mal habe ich mit Mies deutsch gesprochen, da hat er einen Brief nach Deutschland zu schreiben gehabt, und den hat er mit gegeben zum Durchschauen. Er war weit weg von Deutschland, er hat sich — im Gegensatz zu anderen Leuten — nie überlegt, ob er zurückgehen soll. Es fiel ihm sicher schwer genug, aus Deutschland weg zu gehen, aber er wäre nicht ein zweites Mal umgesiedelt. Für ihn war schwierig, dass er ja schon fünfzig war, als er ausgewandert ist und fast kein Englisch sprach. Es hat aber offensichtlich nicht lange gedauert bis er voll kommunizieren konnte. Er hatte ein sehr gutes Vokabular, weil er viel gelesen hat. Den starken Akzent nimmt man in Amerika halt hin.

Nach einer Weile hatte ich eine Wohnung im Norden von Chicago. Vor Arbeitsbeginn hatte ich also immer schon einen halbstündigen Spaziergang am Lake Shore entlang hinter mir, was ein schöner Auftakt für das Arbeiten im Büro war. Das Büro war in der East Ohio in einem Gebiet, in dem früher Kleingewerbe angesiedelt war. Das Loft war für das Unterteilen nicht geeignet, genau richtig für Mies. Es standen gewaltige Pilzstützen in der Gegend rum, ansonsten war es ein offener Raum, den er eigentlich nur geweißelt und in den er Tische gestellt hat. Für den Chef gab es ein kleines Eckzimmer, das abgetrennt war, dessen Türe aber nie geschlossen wurde, soweit ich mich erinnern kann. Der Eingangbereich wurde durch ein paar große Fotowände definiert. Abgetrennt werden musste die Werkstatt, weil diese Staub und Lärm produziert hat.

»Ich habe immer nur aus Notwehr erfunden«

Sie sind 1957 auf eigene Kosten nach Chicago gereist, um als Graduate Student am IIT zu studieren. Wie schwer war es, dort Fuß zu fassen?
Ich war überzeugt, dass ich meine Reise und meinen Aufenthalt selbst finanzieren könne. Von meinem ersten USA-Aufenthalt einige Jahre vorher hatte ich mir noch 100 Dollar in irgendeiner Tüte aufgehoben, für alle Fälle. Mit diesem Bargeld von 100 Dollar bin ich dann losgezogen. Ich habe aber die zweite Reise in die USA auf eigene Kosten nur gewagt als schüchterner junger Bursche, weil ich schon einmal für ein Jahr in Amerika gewesen war und sicher war, dass man mir eine Chance geben würde. Das erste Jahr brachte ich mich über die Runden indem ich in Seymour S. Goldstein's Ein-Mann Büro arbeitete. Nebenbei habe ich noch Streckenkarten für die Greyhound Bus Lines gezeichnet, ein Job, der mir von einem Landsmann überlassen wurde.

1951 war das Jahr als Student mit einem Fulbright-Scholarship am Claremont Men's College in Kalifornien.
Das Fulbright-Scholarship-Programm war in erster Linie auf Austausch und Völkerverständigung ausgerichtet. Das Claremont Men's College war eigentlich überhaupt nicht geeignet für mich, der Schwerpunkt lag dort auf Betriebswirtschaftslehre. Wenn ich mit diesem College alleine hätte leben müssen, wäre es schwierig geworden. Aber auf der anderen Seite der Strasse lag das Scripps College für junge Frauen aus gutem Hause, eine Stiftung von Ms. Scripps in Kalifornien. Gebaut in den 1920er Jahren im pseudo-spanisch-mexikanischen Stil mit Mönch- und Nonnenziegeldächern und eingewachsen mit Olivenbäumen und Sykomoren. Dieses College hatte eine Kunstabteilung und ein Theater, in dem auch regelmäßig Konzerte stattgefunden haben, wo ich zum Beispiel Arthur Rubinstein und Edward Power Biggs hören konnte. An dieser Schule habe ich also gemalt und war bei einem Bildhauer in der Klasse und habe ein paar Grundlagen vermittelt bekommen. Vor dem Aktzeichnen hatten wir einige Stunden Anatomieunterricht, anders als was ich hier gewohnt war, wo wir nur hübsche Blätter zu machen hatten. Mitgemacht habe ich auch bei dem Siddon's Theatre Club, und unter den vielen Damen habe ich mich als Bühnenbildner betätigt. Am Ende des Jahres wurde ich schon bei einer Besprechung im College-Blatt als »one of Claremont's leading stage designers« bezeichnet. Da sind sie ja in Amerika sehr schnell bei der Hand.
Während der Zeit dort habe ich mein Englisch rasch verbessert, in dem ich mir die Double Features im Kino angesehen habe. Das war besser als jede Sprachschule. Man setzt sich ins Kino, guckt zwei Filme

hintereinander, und wenn man raus kommt, hat man einen guten Haushaltsbestand an festen Redensarten. Das konnte man dann sofort anwenden, phonetisch richtig sogar.

Sechs Jahre später dann Ihre zweite Reise nach Amerika.
Durch all diese Erfahrungen war ich etwas lockerer, als ich das zweite Mal nach Amerika gegangen bin. Ich habe keine Angst gehabt vor der amerikanischen Gesellschaft. Ich hatte ja beim zweiten Mal zunächst nur ein Besucher-Visum.
Diese zweite Reise in die USA war wieder mit dem Schiff. Die billigste Überfahrt in einer Vierbett-Unterdeck-Kabine der Touristenklasse hat 720 Mark gekostet. Das war mehr als ein Monatsgehalt eines fertigen Diplom-Ingenieurs, was damals mehr war als mein Vater als 55-jähriger Lehrer verdient hat.
Ich hatte mir alle Schiffsfahrpläne angeschaut und festgestellt, dass es überall etwa 720 Mark kostet, egal von wo man abfährt. Also habe ich die »Vulcania« genommen, konnte in Venedig einsteigen und habe fürs gleiche Geld nicht fünf Tage Schiffsreise über den Atlantik, sondern noch fünf zusätzliche Tage im Mittelmeer mit Halt in Patros, Palermo, Neapel, Gibraltar und Lissabon bekommen. Ich war in einer Vierbettkabine mit drei Italienern, die als Gastarbeiter für ein paar Jahre zum Mauern nach Canada wollten. Ich hatte das Gefühl, dass wir direkt oberhalb der Schraubenwelle untergebracht waren. War schon recht laut und auch verständlich, warum dies eine billige Kabine war.

Ich kam dann in New York an mit den 100 Dollar in der Tasche, und wollte natürlich erst einmal ein paar Tage in dieser Stadt bleiben. Damals hat man sich im Sloane House einquartiert, das war das YMCA im Süden von Manhattan, sehr preiswert und sauber. Nach einer Woche wurde das Geld immer weniger, dann habe ich mir ein Greyhound-Ticket nach Chicago gelöst. Am IIT habe ich mich erkundigt, was ich machen muss, hatte aber noch drei Monate Zeit bis es losging. Die habe ich gebraucht, um erst mal meine Überfahrtschulden begleichen zu können. Das war ja das erste, was ich machen musste. Also habe ich mich umgeschaut und gleich angefangen, Büros ablaufen, Fragebögen ausgefüllt usw. Bei der Suche bin ich auf einen Landsmann aus Weinheim an der Bergstraße gestoßen, der hat gesagt »kannst bei mir schlafen bis Du was findest«. Doch nach einer Woche war dann mein Geld alle. Ich hatte aber glücklicherweise noch eine Cousine, die in San Francisco verheiratet war. Jan Lippert aus Weinheim hat mir dann — ohne mich näher zu kennen — noch einmal 50 Dollar für ein Greyhound-Ticket nach Kalifornien geliehen. Dort angekommen hatte ich keinen »Dime« mehr, um bei meiner Cousine anzurufen. Und die war nicht wie verabredet da — scheinbar. Das war ein Augenblick in meinem Leben, wo ich gedacht habe: »Was, wie jetzt weiter«. Nach einigen ewigen Minuten kam sie dann doch.

Damals hat man gesagt, wenn man in Chicago als Architekt keine Arbeit bekommt, dann kriegt man in Amerika nirgends eine. In San Francisco habe ich mich dann auch beworben und komischerweise gleich beim zweiten Anlauf was gefunden. In einem Büro an einer tollen Stelle mitten im Zentrum, unweit der Market Street, dort wo die Cable Cars gedreht werden. Gleich da, irgendwo im fünften Stock bei der Continental Service Cooperation, einer Tochtergesellschaft der Bank of America wie sich herausstellte.

Dort habe ich die Standarddetails studiert, wie man eine Bankfiliale einrichtet, anschließend habe ich die komplette Prospektsammlung studiert, nach zwei Wochen hatte ich einen guten Überblick über die amerikanische Bauindustrie.

Die Bank of America hatte in Paris ein Haus gekauft, alle Pläne waren »metric«. Die haben mich dafür eingestellt. Doch bei der Einstellung haben die mich alles Mögliche gefragt, aber nicht, wie lange ich bei ihnen arbeiten kann. Als die mich am Ende des Sommers also wirklich gebraucht hätten, habe ich — aus »persönlichen Gründen« wie man sagt — gekündigt; ich wollte ja in Chicago studieren. Überfahrt und Tuition fürs Wintersemester aber waren bezahlt.

Warum wollten Sie unbedingt an's IIT?

Ich wollte ans IIT, weil ich sehr beeindruckt war von Mies. In Stuttgart waren zu der Zeit alle gegen die orthogonale Rigidität von Mies, auch Prof. Wilhelm. Mich hat interessiert, ob vor Ort alles so viel menschenfeindlicher war als das was, die Stuttgarter Schule produzierte. Ich habe allerdings noch einen Anstoß gebraucht: eine Studienfreundin hatte vor mir Diplom gemacht, war schon ein Jahr früher nach Chicago gegangen und hat gezeigt, dass es geht. Da habe ich gedacht, wenn die das kann, dann kann ich das auch.

Zunächst musste man sich daran gewöhnen, dass das IIT eine Hochschule war ohne Lehrstühle, Assistenten und verschiedene Arbeitsräume usw. Stattdessen gab es eben einen großen Raum, und da saßen sie alle: vorne die Sekretärin, ringsrum die Studenten, und die Professoren kamen dazu.

Ich habe mich dann für verschiedene Kurse eingeschrieben, das ist alles aktenkundig in dem Buch »Mies van der Rohe: Architect as Educator«.

Mies kam zu uns Graduate Students mit seinem Krückstock, hat sich hingesetzt, auf die Arbeit geguckt — fünf Minuten, zehn Minuten und dann maximal zwei Sätze gesagt: »glauben sie nicht, dass hier noch etwas Arbeit nötig ist?« oder »das ließe sich doch sicherlich noch besser machen«. Dann kam der nächste. Das waren Schweigeveranstaltungen — sehr beeindruckende.
Das ist es überhaupt, man muss keine großen Reden halten, was das alles soll. Während dieser Stille merkt man, dass vieles vordergründig oder nur ein Gag ist, dass man was beweisen will, aber nicht den Kern der Sache trifft.

Nach einem Jahr an der Schule von Mies van der Rohe dann der Wechsel in sein Büro.
Zu Mies hat ein Besucher am IIT gesagt "don't you think it is a bit of a one-man-school?" Er hat darauf geantwortet "dont' you think it is better than a no-man-school?" Aber das nur nebenbei.
Mies hatte im Büro zu der Zeit Aufträge in größerem Umfang bekommen. Der größte Auftraggeber für das Büro war der junge Developer Herbert Greenwald. Er stürzte mit dem Flugzeug ab, in dem zweiten Jahr, in dem ich dort war. Über Nacht brach etwa die Hälfte aller Projekte weg. Mies hat uns alle dann noch eine Weile gehalten, solange es das Büro verkraften konnte, hat dann aber einige von uns gehen lassen müssen. Greenwald hatte alles so auf sich konzentriert, dass in seiner Organisation niemand genau wusste, wie die Geschäfte alle laufen. Einer hat die losen Enden dann aber doch wieder verknüpft, und nach ein, zwei Monaten waren die meisten Projekte gerettet. Dann konnte ich wieder zurück ins Büro.
Während ich das erste Jahr kein Problem hatte mit der Aufenthaltsgenehmigung, habe ich dann Ärger bekommen bei der Ausländerbehörde, bei der ich mein Visum um ein Jahr verlängern wollte. Ich geriet an einen Sacharbeiter, der meinte, »Deutschland ist bekannt für seine guten Architekten, da müssen sie nicht nach Chicago zu dem alten Holländer da«. Ich habe versucht ihm zu sagen, dass dies ein bisschen anders liege, aber er meinte, dass ich auf dem kürzest möglichen Weg außer Landes gebracht werden sollte.
Man bekommt eine Rechtsbelehrung, in der steht, dass man innerhalb von drei Monaten Einspruch erheben kann. Ich habe dann die Mittel der Bürokratie benutzt, und den Einspruch erst am Ende der Frist erhoben. Es dauerte dann wieder ein Vierteljahr bis der Antrag bearbeitet war, solange war ich ja sicher. Dann habe ich noch einmal Einspruch eingelegt, und so habe ich es auf diese Weise geschafft, mich genau noch ein Jahr legal im Land zu halten. Dann musste ich allerdings fluchtartig über die

Grenze. So kam ich nach Mexiko City zu der Baustelle von Bacardi, das war das Projekt, an dem ich hauptsächlich gearbeitet hatte.

Chicago war für mich als Gesamtereignis, als Stadt, als Lebensort genauso wichtig wie die Erfahrungen im Büro: Das Leben am See, der weite Horizont, das extreme Klima — die Stadt war lebendig, auch kulturell aktiv. Ich habe gute Freunde gehabt und meine Frau dort kennen gelernt. An der North Avenue, wo der Verkehr nie aufgehört hat, habe ich in einem kleinen Künstleratelier gewohnt, das fast zweigeschossig war mit kleiner Zwischenbühne, über der Küchennische hat man geschlafen. Ich habe es sehr genossen da, trotz dem Übermaß an Schallbelästigung.

Chicago war vital, gastfreundlich, die Stadt entsprach unserer Mentalität, weil sie im Gegensatz zur Ostküste stark von Einwanderern aus Mitteleuropa und Skandinavien geprägt wurde.

Wie ich erst später bemerkt habe, hatte ich bestimmt 15 Jahre lang immer wiederkehrende Träume, in denen ich Chicago mit mir herumtrug — wie Heimweh.

Es war eben nicht nur Mies, sondern auch Chicago. Ich behaupte auch, dass Mies nur in Chicago zu dem werden konnte, was er ist. Ich glaube nicht, dass er beispielsweise in Boston zu der Form aufgelaufen wäre. Chicago war so wie man sich Amerika vorstellte: offen, ohne Vorbehalte. Die Kollegen in der Region haben ihn nicht hinausgebissen. In New York hingegen hatte man ihm zum Beispiel keine Zulassung als Architekt gegeben, weil er keine höhere Schulbildung nachweisen konnte.

Als Sie aus Chicago zurück kamen fingen Sie 1961 am Universitätsbauamt Stuttgart an. Wie kam es dazu?

Ich wollte eigentlich nicht zurück nach Stuttgart. Mein Vater hatte mir dankenswerter Weise mein kleines Dachstübchen in Stuttgart weiter bezahlt, so dass noch meine ganzen Klamotten hier lagen. Als ich zurückkam, hatte ich also erstmal ein Standquartier. Ich hatte mir aber vorgenommen, nicht wieder in Stuttgart, sondern in einer Gegend mit flachem Horizont zum Beispiel Hamburg anzufangen. Ich habe aber schnell gemerkt, dass ich da oben die nächsten zwanzig Jahre den Fuß nicht auf den Boden bekommen hätte. Dann bin ich in die Kölner Gegend, aber das war mir zu lustig und zu laut dort. Anschließend ging ich nach München, dort bekam ich ein Angebot, als Assistent bei Gustav Hassenpflug an der Uni zu arbeiten. Ich hatte aber die Sorge, wenn ich jetzt nach München gehe, und es ist so gemütlich da mit all dem gesellschaftlichen Umtrieb, dann komme ich mein Leben lang nicht zum Arbeiten.

Die andere Frage war, wenn man aus dem Büro von Mies kommt, was macht man dann als nächstes? Man will ja nicht vom Schmied zum Schmiedle gehen. Ich dachte, jetzt gehst Du nicht in ein Büro, das wird eine große Enttäuschung sein nach der Erfahrung bei Mies.

Schließlich habe ich erfahren, dass die beim Uni-Bauamt junge Leute suchen. Dann bin ich dort hin, weil ich dachte, da habe ich keinen Chef, der mir seine Architekturvorstellung aufs Auge drückt.

Mit gerade mal 31 Jahren hat man Ihnen die Projektleitung für den Bau der Materialprüfungsanstalt übertragen.

Die meisten Angestellten waren sehr jung dort, das Durchschnittsalter war unter 32 Jahren, die Alten eingerechnet. Ich wurde gleich gefragt, ob ich die Materialprüfungsanstalt machen will — »natürlich«, hab ich geantwortet. Das war ein 30-Millionen-Projekt, eine Riesen-Summe 1962. Anfangs war ich alleine, dann kamen Walter Matthes, Dieter Schaich und Lothar George hinzu, später auch noch Lehrlinge.

Die »Gruppe Wagner«

Als es an die Werkplanung ging war es meine Idee, diese vor Ort zu machen. Wir haben die Bauleitungsbaracke etwas größer gemacht und die Fachplaner überredet, ihre Mitarbeiter zu uns zu setzen. Wir saßen dann alle zusammen und haben gezeichnet, die Pläne entstanden parallel unter aller Augen, Kommunikationsfehler waren geringer und es gab keinen Zeitverlust durch den Planrundlauf.

Auf Nutzerseite war das Projekt gut organisiert. Der Chef der MPA, ein richtiger Patriarch, hat nur ab und zu hören wollen, wie es läuft. Er hat einen Mitarbeiter abgeordnet — Gassmann, ein junger Doktorand — der hat alle Fäden in die Hand bekommen, musste alle Abteilungen unter einen Hut bringen und durfte entscheiden. Zunächst hat er ganz systematisch ein Programm gemacht mit objektiven Kriterien wie Maschinenaufstellungsgrößen, Bewegungsflächen, Raumhöhen usw. Mit dem konnte ich dann auch ganz einfach den Entwurf systematisch entwickeln. In die Architektur hat mir keiner hineinregiert.

Die Halle der MPA wurde 1969, Fosters Sainsbury Center in Norwich 1978 fertig gestellt. Beide Gebäude sind mit tiefgezogenen Aluminium-Paneelen bekleidet. War Ihnen eigentlich klar, wie weit Sie sich zu der Zeit an der Spitze der Technologie befunden haben?

Das war mir schon klar. Unsere Aluminium-Fassade war die erste dieser Art überhaupt. Ich hatte mir Tiefziehen als die Technik der Wahl für Blechverarbeitung gewählt. Von der Industrie bekam ich den Bescheid, dass 900 Paneele noch keine ausreichend große Serie sei, um dafür wirtschaftliche Tiefziehformen herstellen zu können. Da las ich zufällig einen kurzen Bericht in den VDI-Nachrichten über die Explosionsverformung von Nachttöpfen. Nun, so war der Folgegedanke: was man durch das Explodieren erreichen kann, dann müsste man ja auch langsam mit viel Druck hydraulisch oder pneumatisch machen können. Also habe ich die MPA gefragt: »Können wir es mal probieren?«.

Der Modellbauer hat uns eine Holzform gemacht, aus Hartholz. Auf die Form haben wir ein Blech gelegt, obendrauf kam irgendetwas, wo Luft raus kam — solche Dinge gab es ja bei der MPA. Wir haben geschaut was passiert und gesehen, dass das Blech sich tatsächlich in die Form legt. Wir wussten also, dass es geht. Daraufhin habe ich jemanden gesucht, der uns das macht. Gefunden habe ich einen sehr begeisterungsfähigen großartigen Konstrukteur, Walter Wörle, der mit uns dann schließlich den ganzen Weg gegangen ist. Er musste auch eine Methode erfinden, den Dämmstoff einzuschäumen. Hat er alles gemacht. Das Einzige, was wir zusammen nicht geschafft haben — da war ich schon etwas enttäuscht, weil uns da Fritz Haller dann überholt hat — war ein rundes Eckpaneel. Wir mussten aus Kostengründen stattdessen was hinbasteln. Der erste Entwurf für die Halle der MPA sah übrigens eine Fortsetzung der Alu-Paneele auf dem Dach vor.

Sie waren noch weitere Male an der Spitze eines Technologietransfers zugunsten der Architektur, beispielsweise auch mit der verfahrbaren Komponentenprüfhalle 2 (KPH 2). War dies das Ergebnis einer besonders fruchtbaren Zusammenarbeit mit Bauherr und Ingenieur?

Sicherlich — aufgrund auch guter menschlicher Beziehungen. Mein Ansprechpartner bei der MPA über all die Jahre war Herr Doll. Er kam sehr oft nicht mit einem fertigen Bauprogramm, sondern mit exakt beschriebenen Problemstellungen. Wir haben dann gemeinsam realistische Realisierungsmöglichkeiten ausgetüftelt. Auf diesem Wege habe ich »durch Osmose« viel Materialwissen aufgesogen. Wir haben von Anfang an immer versucht, die einfachere Lösung zu finden, und wir haben auch immer wieder was erfinden müssen. Das fing an mit der Aufspannplatte in der Halle der MPA zusammen mit

Pieckert: ein Dämpfungsbett aus Einkorn-Kieseln statt aufwendiger technischer Lagerungssysteme. Da haben wir Mittel freigemacht für bessere Materialien: zum Beispiel Klinker statt Kalksandstein.
Bei der KPH 2 war es so, dass die Möglichkeit bestand, dass Prüfteile kommen, die 20 m lang sind und 130 t wiegen. Es wäre Unsinn gewesen, eine Halle für diesen Fall zu bauen, der vielleicht in 30 Jahren vielleicht nur ein- oder zweimal auftritt, oder auch gar nicht. Also haben wir gesagt, wir gehen davon aus, was normal ist, sehen aber eine Möglichkeit vor, dass die großen Teile auch kein Problem darstellen. Daraufhin haben wir uns nach den größten Mobilkränen erkundigt, danach was sie kosten, und uns überlegt, was wir machen — einen Deckel zum Wegschieben.
Jetzt brauchten wir ein Fahrwerk. DEMAG hatte nur eine Kataloglösung: viermal zu groß und zweimal zu teuer. Wir haben jemanden von der Abteilung, die Brückenlager prüften, angesprochen und gefragt »wie macht ihr das denn?«. Ähnlich wie beim Taktschiebeverfahren im freien Vorbau bei Stahlbetonbrücken wird die Halle nun auf Teflongleitlagern verschoben.
Man muss eben mit allen reden, dann ergibt sich schon eine Lösung. Ich habe immer nur aus »Notwehr« erfunden. Beim Tiefziehen war es genauso, bei den punktgehaltenen Gläsern der KPH 2 auch.

Woher kommt Ihre Liebe zum Handwerk und für Tüfteleien?
Die war nicht vermeidbar — Ich hatte immer das Bedürfnis, meine Hände produktiv einzusetzen, und in einer Kindheit in der Provinz war das Handwerk noch Teil des täglichen Lebens. Wir lebten im Hause der Großeltern. Der Großvater war in seinen jungen Jahren richtiger Schuhmacher und wurde nach der Errichtung von Schuhfabriken recht abrupt außer Brot gesetzt und hat dann seine Familie als Kleinstlandwirt und Reperaturschuster durchgebracht. Zu meiner Zeit stand sein Schusterbänkchen in einer Ecke der Küche. Da habe ich zugeschaut und gesehen, wie viel Mühe es war, einen guten zwiegenähten Schuh zu besohlen. Meine Tante war nebenan in der »guten Stube« und hat am Esstisch geschneidert. Mein Pate war Herrenschneider, ein richtiger Profi, der hat mit Winkel, Maßband und Proportionslehre die Anzüge zuerst einmal konstruiert.
Da hat man schnell gelernt: Mit ein bisschen mehr Liebe zum Detail und einem geringen Mehraufwand hat man einfach ein besseres Ergebnis.
Wenn ich in Naila zum Fenster raus geschaut habe, schräg über die Straße, konnte ich zuschauen, wie ein Ross beschlagen wurde. Um die Ecke war der Wagner, der noch eine ganze Weile Wagen gebaut hat. Da konnte ich sehen, wie er das fertige Rad rüber rollte zum Schmied, der hat dann den Reifen in der Esse rot glühend gemacht und aufgezogen. Dieser rot glühende Stahl passt gerade so auf das Holz

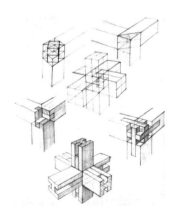

drauf. Wenn er dann kalt wird, gibt er dem Rad durch das Schwinden in der Größe die Vorspannung. Irgendwann kommen einem solche Grunderfahrungen wieder zugute. Wenn einem später mal was über Dilatation erzählt wird, weiß man, wovon die Rede ist.
Meine frühe Kindheit ist näher an der vorindustriellen Zeit als an dem Heute.

Bis auf wenige Ausnahmen haben Sie meist allein gearbeitet, ihr Büro ohne einen Partner oder langjährigen Angestellten geführt. Ist das eine Bekenntnis zum Einzelkämpfer?
Der Umfang der Aufgaben hat es nicht anders hergegeben. Es liegt auch ein bisschen an meiner Art, ich bin nicht gut im Delegieren. Es ist nicht so, als würde ich Konfrontationen aus dem Weg gehen, aber im eigenen Team halte ich das nicht aus.
Es wäre eine große Frage des Partners gewesen. Mit Dieter Schaich hat es prima funktioniert, wir waren einige Jahre auseinander, da gab es keine Konkurrenz. Wir haben gut zusammen gepasst und uns hervorragend ergänzt. Während der Arbeit an der MPA hat er mir zum Beispiel einen Teil der internen Arbeitsorganisation vom Halse gehalten. Und Matthias Loebermann hat mir dann gezeigt, wie schön es wäre, ein richtiges Büro zu haben. Er nahm mir nahezu alles ab, was den Alltag des Einzelkämpfers so anstrengend macht. Außerdem machte er es effizienter und schneller.
Und das mit dem Einzelkämpfer stimmt natürlich nur bedingt. Es gibt ja auch ein Leben nach dem Werkplan: Die Wirklichkeit der Baustelle. Herbert Maier aus Aichtal — seinerseits ein Einzelkämpfer — hat seit 1978 als Bauleiter die guten Absichten des Planers auch bei den manchmal trägen oder trickreichen Baupartnern durchgesetzt. Wenn wir stets termin- und kostengerecht ablieferten, ist es zum guten Teil sein Verdienst. Ganz allein wäre ich im rauen Klima der heutigen Bauszene wohl auf der Strecke geblieben.

Obwohl sie meist alleine gearbeitet haben, sind Ihre Bauten sehr reflektiert. Haben Sie sich durch das Arbeiten in Alternativen selber korrigiert?
Das Arbeiten in unendlichen Alternativen ist meine Arbeitsmethode überhaupt, ich vermag nicht zu sagen »Das ist die Lösung«. Ich arbeite zwar intuitiv, will mich aber nicht auf meine Intuition verlassen. Es ist eine Gegenkontrolle. Wahrscheinlich habe ich diese Arbeitsweise im Büro Mies aufgenommen. Es ist eine Methode, um einer Konzeption die Zufälligkeit zu nehmen.

In meinem Leben ist mir immer zu viel eingefallen. Ich hatte meist Mühe, diese Flut an Einfällen abzuwehren. Deswegen die Alternativen und die Negativauswahl — bis es sich auf etwas einengte.

Wie kam es zu Ihrem Einstieg in die Lehre an der Uni Stuttgart?
Das verdanke ich Dieter Faller und Jochen Oster.
Faller war Assistent bei Wilhelm, er hat ein Seminar veranstaltet mit Jochen Oster. Dabei ging es um Raumbauteile. Ich hatte gerade welche gemacht, deshalb haben sie mich dazu geholt.
Von Dieter Faller, das darf man auch nicht vergessen, kommen die Anstösse für die Integrierte Lehre an der Architekturfakultät in Stuttgart.

Kurz danach wurde von Peter C. Seidlein an den Lehrstuhl für Baukonstruktion berufen und fragte mich, ob ich Assistent bei ihm machen will. Das habe ich abgelehnt: In meinem Alter macht man keinen Assistenten mehr, fand ich — ich war über 40.
Dafür habe ich zunächst als Betreuer in der Unterstufe mitgeholfen, später mit von Seidlein auch Entwürfe betreut, und so bin ich irgendwie Teil des Instituts geworden.

1980 sind Sie Honorarprofessor am Lehrstuhl 2 des Instituts für Baukonstruktion geworden. Fünfundzwanzig Jahre lang haben Sie mit Peter C. von Seidlein die Integrierte Lehre vermittelt.
Die Lehre war für mich der komplementäre Faktor zum Ein-Mann-Büro. Sie war wichtig — nur alleine vor sich hin zu arbeiten geht auf die Dauer nicht. Die Auseinandersetzung mit jungen Leuten habe ich für mich gebraucht, in einem großen Büro ist das sowieso gegeben.
An der Uni liefen viele rum, die Studenten etwas mitgeben wollten, was sie nicht haben. Meine Einstellung war: Zu einem guten Architekten kann ich niemanden machen, diesen Weg geht jeder allein. Aber was zu einem gediegenen Bauwerk führt, kann ich vermitteln. Erfahrung ist nicht übertragbar, aber man kann sie artikulieren. Im Grunde ist es eine Verpflichtung der alten Generation, dass man die Jungen nicht in die gleichen Löcher tappen lässt, es gibt genug neue Fallen.
Ich habe so einen Zwischenbereich gefunden, der mir gut gepasst hat, weil ich nicht systematisch lehren musste. Von Seidlein war mit einer klaren architektonischen Mission angetreten und kämpfte aufrecht dafür. Für mich war die Lehre anders, mich hat die Auseinandersetzung mit den jungen Leuten

interessiert. Ich war in erster Linie für mehr Professionalismus und weniger intellektuelle Hochstapelei. Zudem war die Lehre ein steter Fortbildungsprozess. Bei jeder Korrektur mit Günter Eisenbiegler zum Beispiel habe ich immer wieder was dazugelernt.

Bei all Ihren Projekten haben Sie sehr eng mit Statikern zusammengearbeitet. Was erwarten Sie von einem guten Ingenieur?
Nun — was ist ein Ingenieur? Jemand, der aus der Kenntnis des Materials und der Bauerfahrung eine Vision einer Konstruktion entwickeln kann. Er muss eine gesunde Abneigung gegen das bloße Arbeiten von Regellösungen haben und eher zwei Stunden überlegen, wie er zwei Stunden unnützes Rechnen spart. Er erzielt mit viel Intelligenz und Erfindungskraft und möglichst geringem materiellen Aufwand ein Optimum an Ergebnis. Er ist nicht der Bemessungsgehilfe für skurrile Vorstellungen von »Archigraphen«. Freilich hat er aber gelernt, mit mathematischen Modellen das Tragverhalten von Bauten objektiv so darzustellen, dass es für die Öffentlichkeit nachprüfbar wird, ob Regeln und Normen eingehalten werden. Bloß das Regelwerk ist nicht das Leuchtfeuer, das den Weg weist, sondern es ist ein System von Bojen und Baken, die die Anfänger und die Dumpfbacken von den schlimmsten Untiefen fernhalten sollten. Die halten doch aber den Flug der Gedanken des Ingenieurs nicht auf.

Bei der MPA saß mir Dr. Egger von Leonhardt-Andrä gegenüber. Der hat zunächst einmal sehr aufmerksam zugehört, seinen Bleistift gespitzt und nicht gleich losgerechnet, sondern heftig nachgedacht. Beim nächsten Treffen kam er mit einer Konstruktion, die auf alles einging, was ich ihm gesagt hatte: 15 × 15 m - Raster, modularer Aufbau vom Dach bis zum Keller usw. Seine Konstruktion war sehr elegant, traf ziemlich genau das, was ich wollte und brauchte halb so viel Stahl wie der Vorschlag seines Vorgängers aus dem gleichen Büro. Hier bekam ich meine erste Lektion über den Unterschied zwischen einem Ingenieur und einem Statiker. Damit war eine Marke eingeschlagen, und soweit ich das beeinflussen konnte, habe ich seitdem immer versucht, mit begeisterungsfähigen konzeptionell denkenden Ingenieuren zusammen zu arbeiten. Es ist dazu sehr anregend und macht einfach mehr Spaß.

1990 haben Sie den Mies van der Rohe - Preis für die Komponentenprüfhalle 2 der MPA erhalten. 2007 wurden für den Preis in Deutschland u.a. das Mercedes-Benz-Museum Stuttgart (UN studio Van Berkel) und das Phaeno in Wolfsburg (Zaha Hadid) nominiert.
Was würde Mies, dem es ausschließlich um eine strukturelle Architektur ging, wohl dazu sagen?
Er würde das sehr gelassen hinnehmen, wie andere heftige Angriffe auf ihn zeitlebens auch.
Man kann das Treiben »der Szene« nicht aufhalten. Architektur ist nicht vorab ein Mittel zur Selbstverwirklichung — Mies hat das sicher auch so gesehen, und es ist ein bisschen geschmacklos, seinen Namen mit den Bestrebungen einer inszenatorischen Kunst in Verbindung zu bringen.
Aber was soll's — Etwas davon hat es immer schon gegeben.

Ich habe mir als Junge überlegt, ob ich nicht vielleicht Bühnenbildner oder gar Schaufensterdekorateur werden solle. Ich bewundere die Arbeit dieser Leute immer noch sehr. Aber selbst wenn ich finde, dass eine Schaufensterdekoration ein Kunstwerk ist, wird immer noch keine Architektur draus.

Schon als Student haben Sie Ihre Zeichnungen mit »Friedrich Wagner — Naila« oder kurz »FWN« unterschrieben. Bringen Sie damit die Verbundenheit zu Ihrem Heimatort in Oberfranken zum Ausdruck?
Das hat verschiedene Gründe. Naila ist einfach ein schönes Wort. Natürlich ist es auch ein Nachvollzug von »van der Rohe« und gibt dem gewöhnlichen Namen Wagner eine Spur mehr Exotik.
Naila gibt es auf der Welt nur dreimal — Naila ist eine italienische Oper, ein pakistanischer Mädchenname und eben mein Heimatort in Oberfranken.
Als ich von Chicago weggegangen bin, habe ich zu einem Freund gesagt: »Wenn Du mir schreiben willst, musst du dir als Anschrift nur folgendes merken: Friedrich Wagner Naila, Germany.«

Bauten und Projekte

1962   **Hörsaalprovisorium TH Stuttgart**
       Universitätsbauamt Stuttgart | Leitung: A. Sack, F. Hahn
       Projektleitung | F. Wagner
       Bauleitung | H. Bernhard
       Tragwerk | MERO — Prof. Bornscheuer, Stuttgart

1962—69   **Staatliche Materialprüfungsanstalt Stuttgart**
          Universitätsbauamt Stuttgart | Leitung: A. Sack, F. Hahn
          Projektleitung | F. Wagner
          Mitarbeiter | W. Matthes, D. Schaich, A. Neumann
          Bauleitung | L. George, R. Henning, P. Müller, W. Renz
          Tragwerk Hochhaus | W. Pieckert, Stuttgart
          Tragwerk Halle | Prof. Egger im Büro Leonhardt-Andrä und Partner
          Fassade | Walter Wörle, Binswangen

1968   **Vorschlag Umnutzung Reithalle und Bau einer Sporthalle, Bosch-Areal Stuttgart**
       Universitätsbauamt Stuttgart | Leitung: A. Sack, F. Hahn
       Projektleitung | F. Wagner

1969—70   **Prototyp eines Systems addierbarer Dacheinheiten aus leichten Flächentragwerken**
          Modellobjekt | Überdachung von Auto-Abstellplätzen
          Universitätsbauamt Stuttgart | Leitung: A. Sack, F. Hahn
          Projektleitung | F. Wagner
          Bauleitung | H. Meidow
          Tragwerk | Prof. Egger, Graz mit Prof. Resinger, Graz und Prof. Pelikan, Stuttgart;
          Konstruktionsgruppe Wörle, Binswangen

1969—70   **Raumzellen für Kleinbauten auf dem Uni-Gelände Pfaffenwald in Stuttgart**
          Universitätsbauamt Stuttgart | Leitung: A. Sack, F. Hahn
          Projektleitung | F. Wagner

1969   **Offene Halle für Kraftfahrzeug-Reparaturabteilung, Stuttgart**
       Universitätsbauamt Stuttgart | Leitung: A. Sack, F. Hahn
       Projektleitung | F. Wagner
       Bauleitung | H. Meidow

1969	**Kleinere Erweiterungsbauten für Maschinenlabor und Forschungsklärwerk, Stuttgart**
	Universitätsbauamt Stuttgart ∣ Leitung: A. Sack, F. Hahn
	Projektleitung ∣ F. Wagner
	Bauleitung ∣ H. Meidow
1969	**Wettbewerb Neubau für die Bayerische Staatskanzlei, München**
	mit Dieter Schaich
1970	**Vorschlag Bebauung Feuerwehrblock, Stuttgart**
	Universitätsbauamt Stuttgart ∣ Leitung: A. Sack, F. Hahn
	Projektleitung ∣ F. Wagner
1970	**Vorentwurf Forschungsinstitut für Kraftfahrwesen, Stuttgart**
	Universitätsbauamt Stuttgart ∣ Leitung: A. Sack, F. Hahn
	Projektleitung ∣ F. Wagner
1972—73	**Entwicklung einer mehrgeschossigen Holz-Raumzellenbauweise und Vorprojekt Studenten-Wohnungen Pfaffenwald, Stuttgart**
1973	**Entwicklung eines elementierten Sanitärraum-Ausbausystems**
1973—80	**Grosskomponenten-Prüfhalle der Staatlichen Materialprüfungsanstalt MPA Stuttgart**
	1.+ 2. Baustufe
	Tragwerk ∣ Leonhardt-Andrä und Partner, Stuttgart: W. Kunz, G. Langer
	Fassadenberatung ∣ Konstruktionsgruppe Wörle, Binswangen
1973—74	**Produktstudien, u.a. Fertig-Dusche, Baussystem für Raumteiler**
1974—75	**Entwicklung einer F90 Montage-Trennwand »Tresista«**
1978—79	**Prüfstelle Heizung-Lüftung-Klimatechnik, Stuttgart**
	Bauleitung ∣ H. Maier, Aichtal
	Tragwerk ∣ D. Woywodt, Böblingen
	Fassadenberatung ∣ Konstruktionsgruppe Wörle, Binswangen
1983—84	**Datenverarbeitungs- und Technologiezentrum MPA Stuttgart**
	Bauleitung ∣ H. Maier, Aichtal
	Tragwerk ∣ Leonhardt-Andrä und Partner, Stuttgart: G. Langer

1987—89　Komponentenprüfhalle 2 MPA Stuttgart
Bauleitung | H. Maier, Aichtal
Tragwerk | Leonhardt-Andrä und Partner, Stuttgart: G. Langer
Fassadenberechnungen | Sessle, Geislingen

1989—90　Entwurf Überdachung Dampflokomobil
Deutsches Landwirtschaftsmuseum an der Uni Hohenheim
Tragwerk | H. Drexler

1990　Wettbewerb Kunsthalle Heilbronn
Mitarbeit | M. Loebermann

1991　Wettbewerb Flughafensicherungsgebäude mit Tower, Stuttgart
Mitarbeit | P. Seger

1991—93　Verfügungsgebäude Uni Hohenheim
Mitarbeit | M. Loebermann, P. Seger
Bauleitung | H. Maier, Aichtal
Tragwerk | Mandelbaum, Stuttgart

1992　Umbau Hörsaalprovisorium Uni Stuttgart
Bauleitung | H. Maier, Aichtal

1993　Wiederaufbau Strohlagerhalle Uni Hohenheim
Mitarbeit | M. Loebermann
Bauleitung | H. Onur, UBA Hohenheim
Tragwerk | KIWA, Bad Waldsee

1993—97　Erweiterung Isotopenlabor MPA Stuttgart
Bauleitung | H. Maier, Aichtal
Tragwerk | Leonhardt-Andrä und Partner, Stuttgart: G. Langer

1994　2. Preis — Wettbewerb Studentenwohnheime »Straussäcker«, Uni Stuttgart
Mitarbeit | Martin Busch

1995—96　Ausstellungshalle, Deutsches Landwirtschaftsmuseum Hohenheim
Bauleitung | H. Maier, Aichtal
Tragwerk | Leonhardt-Andrä und Partner, Stuttgart; Stephan, Gaildorf

1995—96	**Erweiterungsbau für das Archiv des Universitätsbauamtes Hohenheim**
	Bauleitung	H. Maier, Aichtal
	Tragwerk	Leonhardt-Andrä und Partner, Stuttgart: G. Langer
1996—97	**Anbau für unterirdische Messräume MPA Stuttgart**
	Bauleitung	H. Maier, Aichtal
	Tragwerk	Leonhardt-Andrä und Partner, Stuttgart: G. Langer
1998	**Vorschlag für eine Überdachung, Innenhof Schloß Hohenheim**
	Tragwerk	Prof. R. Wagner, Stuttgart / München
1998—99	**Schutzdach für historische Ackergeräte**
	Deutsches Landwirtschaftsmuseum Uni Hohenheim
	Bauleitung	H. Maier, Aichtal
	Tragwerk	Prof. R. Wagner, Stuttgart / München
1999	**Wiederaufbau Scheune Ihinger Hof, Uni Hohenheim**
	Bauleitung	H. Vollrath, UBA Hohenheim
	Tragwerk	Stephan, Gaildorf
2002	**Entwicklung eines Raumfachwerks aus Glasröhren mit MERO für die Glasstec Düsseldorf**
	mit W. Stühler, MERO
2003	**Ausstellungshalle für Erntegeräte (Claass-Halle)**
	Deutsches Landwirtschaftsmuseum Uni Hohenheim
	Mitarbeiter	J. Hieber, U. S. Wallisser
	Bauleitung	H. Maier, Aichtal
	Tragwerk	Prof. R. Wagner, Stuttgart / München

Hörsaalprovisorium für die Technische Hochschule Stuttgart

1962
Universitätsbauamt Stuttgart | Leitung: A. Sack, F. Hahn
Projektleitung | F. Wagner
Bauingenieur | H. Bernhard

Die Technische Hochschule Stuttgart hatte die Hochbauverwaltung Baden-Württemberg Ende des Jahres 1961 dringend gebeten, zwei Hörsäle zu errichten, nachdem alle Versuche, Großräume für Vorlesungszwecke zu mieten, fehlgeschlagen waren und der Bau der geplanten großen Hörsaalgebäude erst in einigen Jahren zu erwarten war. Im Januar 1962 wurden die Bauplatzsituation und die Kostenfrage untersucht, und im März erhielt das Hochschulbauamt den Auftrag, den Bau in kürzester Frist, d.h. möglichst bis zum Anfang des Wintersemesters zu errichten. Grundgedanke der Planenden war ein Montagebau, der die Vorteile der industriellen Vorfertigung ausnutzt, aber keine allzu enge Bindung für den Entwurf darstellt. Da jedoch jede Interimslösung im Endeffekt unwirtschaftlich ist, bestand das Ziel darin, einen hohen Teil der Investition zu erhalten. Der Bau soll nach seinem Abbruch in einigen Jahren in möglichst vielen Teilen wiederverwendbar sein. Bei einem Vergleich verschiedener Hallenkonstruktionen, die sich alle auf ungefähr gleichem Preisniveau bewegten, fiel die Wahl auf die nun verwendete Rohrkonstruktion, die in kleine Teile zerlegbar und in anderer Form wieder verwendbar ist. Das Gebäude hat eine Abmessung von 22,50 m auf 60,00 m. Es enthält zwei Hörsäle mit 700 bzw. 350 Sitzplätzen, die durch einen Kern (mit Dozentenraum, Klimaanlagen und Toiletten) getrennt werden. Die Haupteingänge befinden sich in den ganz verglasten Schmalseiten.
Die Stützen- und Wandfundamente sowie die Bodenplatte sind in Ortbeton ausgeführt. Auch der Kern wurde gemauert und betoniert, um eine möglichst hohe und billige Schalldämmung der Maschinenräume zu erreichen. Er übernimmt die Windaussteifung für den Bau. Die Stahlstützen (IP20), die im Abstand von 1,50 m stehen, sind Pendelstützen. Das Raumfachwerk ist eine Raumpackung aus Tetraedern und halben Oktaedern über einem quadratischen Raster von 2,50 m.
Die Hörsäle werden mit einer Teilklimaanlage aus ebenfalls vorgefertigten, katalogmäßigen Aggregatpaketen belüftet, geheizt und gekühlt. Auch die Klimapaketeinheiten sind leicht demontierbar und an anderer Stelle voll wieder verwendbar.

Einladungskarte zum Richtfest
am 21.09.1962

S.74
Master Thesis
eines Kollegen am IIT
in Chicago 1958

S.75
Raumfachwerk Hörsaal-
provisorium

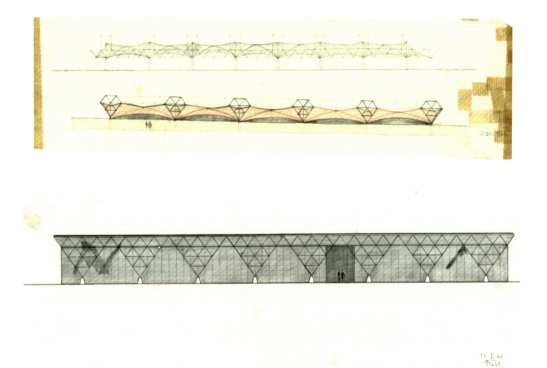

Hörsaalprovisorium für die Technische Hochschule Stuttgart

Voruntersuchungen
zu Tragstruktur und
Hüllsystem

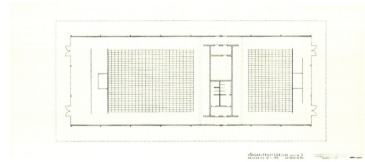

Staatliche Materialprüfungsanstalt (MPA), Stuttgart

1962—69
Universitätsbauamt Stuttgart | Leitung: A. Sack, F. Hahn
Projektleitung | F. Wagner
Mitarbeiter | W. Matthes, D. Schaich, G. Neumann
Bauleitung | L. George, L. Henning, P. Müller, W. Renz
Tragwerk Hochhaus | W. Pieckert, Stuttgart
Tragwerk Halle | Prof. Egger im Büro Leonhardt-Andrä und Partner

Der Gebäudekomplex der MPA war schwierig zu realisieren, weil hier industrieähnliche Forderungen mit Universitätsaufgaben zu koordinieren waren. Entsprechend den Richtlinien für Industriebau des Landes Baden-Württemberg wurden die stapelbaren Flächen im Hochhaus und die nicht stapelbaren Räume in einem Hallenbau zusammengefasst. Die Bauten sind auf einem Raster 7,50 × 7,50 m für den Rohbau und 1,25 × 1,25 m für den Ausbau geplant. Das Raster des Geschossbaus für den Ausbau ist um sein halbes Maß gegen das Rohbauraster verschoben. Dies ermöglichte es, den Ausbau weitgehend unabhängig vom Rohbau auszuführen. Für die 7 m bzw. 12 m hohe Halle wurde eine Stahlkonstruktion gewählt. Durch die Verdoppelung des im Untergeschoss verwendeten Rasters von 7,50 × 7,50 m auf 15 × 15 m ist ein verhältnismäßig nutzungsneutrales System gegeben. Die Spannweiten sind ebenfalls noch sehr wirtschaftlich für die Aufnahme der relativ hohen Nutzlasten (max. 30 t) der von der Dachkonstruktion abgehängten Hängekranbahnanlage. Die Dachkonstruktion besteht aus in der Längsrichtung des Gebäudes gespannten Hauttträgern — entsprechend der Fahrrichtung der Kranbahnen — und im Abstand von 2,50 m liegenden Nebenträgern. Auf der Stahlkonstruktion liegen, kraftschlüssig verbunden, Stahlbetonfertigteil-Kassettenplatten, die eine aussteifende Dachscheibe bilden. Alle Horizontalkräfte wurden von den oben und unten eingespannten Stahlblechkastenstützen aufgenommen. Die Aluminiumpaneele der Außenwand sind mit Polyurethan ausgeschäumt. Der Aufbau der Fassade aus Elementen gleicher Abmessungen (festverglaste Fenster, Fenster mit Öffnungsflügeln, Paneele), die untereinander austauschbar sind, macht auch die Anpassung der Außenwand an Nutzungsänderungen möglich. Die Halle wird in der Randzone durch Lichtbänder und im Inneren durch Lichtkuppeln beleuchtet. Das Hochhaus besteht aus Untergeschoss, Erdgeschoss, sowie elf Obergeschossen und einem Dachgeschoss; es hat eine Höhe von etwa 56 m. Die Decken der Obergeschosse sind als Stahlbeton- und Kassettendecken mit einer konstruktiven Höhe von 35 cm hergestellt. Das Gebäude wurde im »Lift-Slab-Verfahren« errichtet.

Staatliche Materialprüfungsanstalt (MPA), Stuttgart

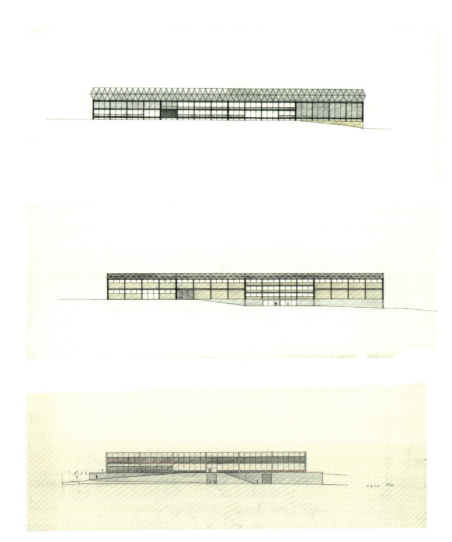

Doppelseite:
Fassadenstudien

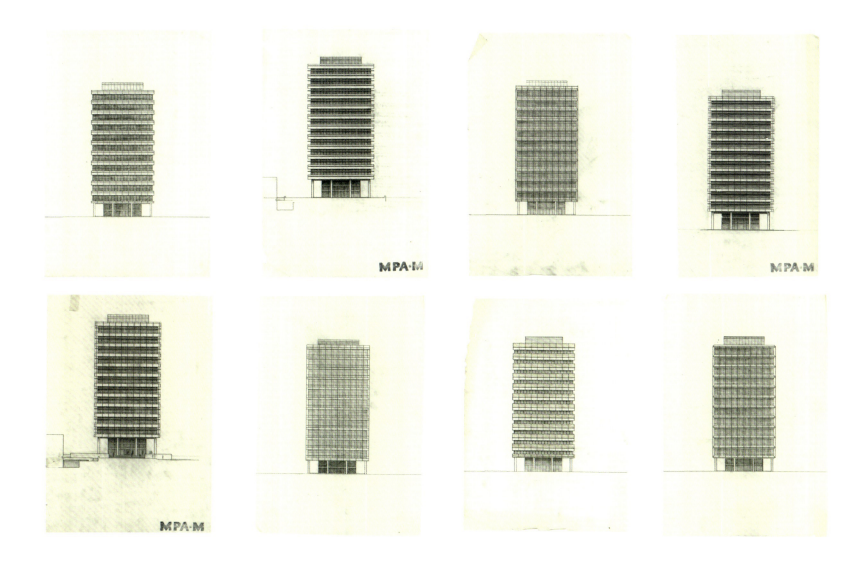

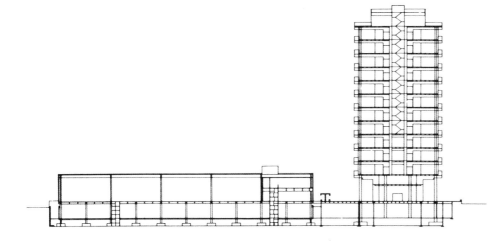

Schnitt
Halle und Hochhaus

Grundriss
Erdgeschoss

unten:
Präzisionsdrehteile
der Aufspannplatte

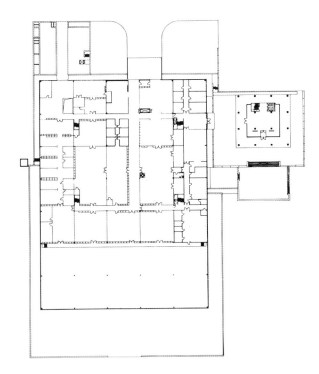

Staatliche Materialprüfungsanstalt (MPA), Stuttgart

Selbsttragendes
Schiebetor aus
gekanteten
Pattinax-Blechen

→ S.91
Studienarbeit 1954:
Entwicklung eines
dreidimensionalen
Objektes aus aufge-
faltetem Papier

Prototyp eines Systems addierbarer Dacheinheiten aus leichten Flächentragwerken

1969—70
Modellobjekt | Überdachung von Auto-Abstellplätzen
Universitätsbauamt Stuttgart | Leitung: A. Sack, F. Hahn
Projektleiter | F. Wagner
Bauleitung | H. Meidow
Tragwerk | Prof. Egger, Graz mit Prof. Resinger, Graz und Prof. Pelikan, Stuttgart; Konstruktionsgruppe Wörle, Binswangen

Bei der Verwendung von Trapezblechen für Dächer kamen oft Zweifel, ob das Konstruktionsmaterial Blech wirklich wirtschaftlich verwendet wird, wenn es überwiegend mehr als reine Dachdeckung oder als reine Unterkonstruktion eingesetzt wird. Der Versuch, aus Aluminiumblech eine selbst tragende dichte Dachhaut herzustellen, die die konstruktiven Möglichkeiten des Materials möglichst weitgehend nutzt, führte, in Zusammenarbeit mit den Ingenieuren, bisher zu den Prototypen der Schirmkonstruktion aus hyperbolischen Paraboloiden. Ausschließliche Verwendung von Aluminium gewährleistet ein nahezu wartungsfreies Dach mit bester Reflexion. Die Profilblechtafeln sind untereinander mit den Versteifungsrippen sowie mit den Rand- und Grattträgern durch Vernieten verbunden. Die Einzelteile des Gespärres sind durch Verschrauben zusammen gefügt. Geschweißt sind lediglich der Stützenkopf und der Aussteifungsring der Stütze an der Stelle des Anschlusses der Druckstreben. Für die Stütze kam eine Alternative in Stahl (feuerverzinkt) zur Ausführung, da ein Aluminiumrohr der statisch erforderlichen Abmessungen nicht serienmäßig hergestellt wird und das Pressen eines Sonderprofils (bei den geringen, für den Prototyp notwendigen Mengen) wirtschaftlich nicht möglich war. Die Entwässerung erfolgt über die Regenrinnen am Randträger in den Untergurt des Grattträgers, von dort in das Innere der Stütze und durch den angeschweißten Ablaufstutzen in den Abwasserkanal.

Arbeiten auf der Baustelle
1. Aufstellen der Stütze im Fundamentköcher und gleichzeitiges Einführen und Eindichten des Abwasserstutzens am Stützenfuß in die unter das Stützenfundament herangeführte Abwasserleitung.
2. Abspannen und Einjustieren der Stütze. Montieren der Grattträger.
3. Montieren der Randträger und der daran befestigten Regenrinnen (lineare Überhöhung zu den Eckpunkten auf maximal 15 cm). Unterstützung der freien Ecken.
4. Einbringen der Diagonalzugstäbe.
5. Montieren der Versteifungsrippen in den Drittelspunkten. Vergießen der Stütze im Fundamentköcher.
6. Auslegen der Profilblechtafeln untereinander mit den Rand- und Grattträgern sowie mit den Aussteifungsrippen.
7. Wegnehmen der Montagehilfsstützen.

Prototyp eines Systems addierbarer Dacheinheiten aus leichten Flächentragwerken

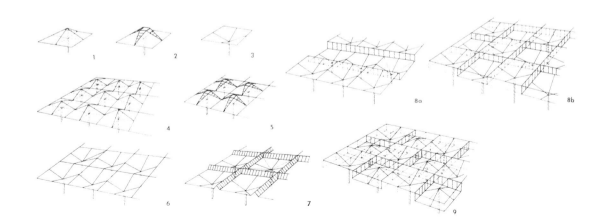

Übersicht der
Grundtypen und ihre
Additionsmöglich-
keiten für größere
Hallen

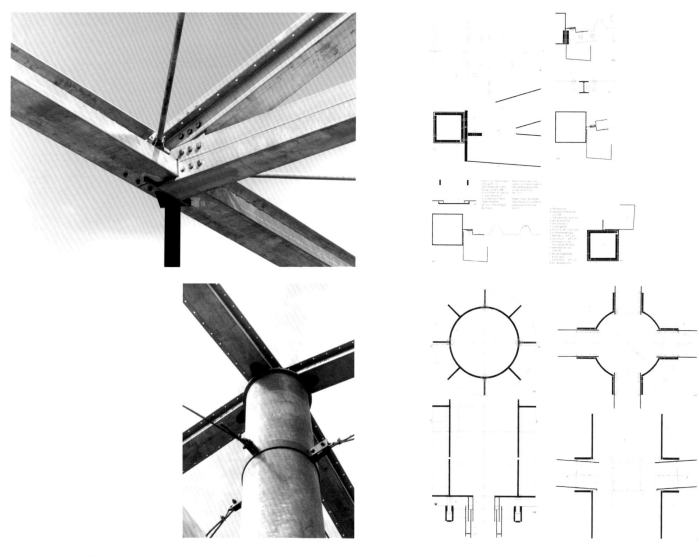

Raumzellen für Kleinbauten

1969—70
Universitätsbauamt Stuttgart | Leitung: A. Sack, F. Hahn
Projektleiter | F. Wagner

Angeregt durch Konrad Wachsmann, Walter Gropius und Ferdinand Kramer waren wir in den Sechziger und Siebziger Jahren vom Gedanken bewegt, endlich auch im Bauen die Möglichkeiten der industriellen Fertigung einzubringen. Die Bauproduktion stieg, die handwerkliche Präzision würde in absehbarer Zeit nicht mehr bezahlbar sein. Architekten wie Fritz Haller mit seinem Mini-Stahlbausystem wirkten beispielhaft. So tüftelte auch ich an einem Raumzellen-Bausystem herum. Es entstanden zwei Prototypen, die als Warteplatzüberdachungen im Universitätsgelände in Stuttgart-Vaihingen Verwendung fanden.

Eigentlich waren es lediglich die ersten 1:1 Modelle, an denen wir die Fertigungs- und Montageprobleme studieren wollten. Natürlich waren auch verschiedene Wand-, Tür-, Fenster-, Dach- und Innenausbauelemente vorgesehen.

Großkomponenten-Prüfhalle der Staatlichen Materialprüfungsanstalt Stuttgart

1973—80
1.+2. Baustufe
Tragwerk | Leonhardt-Andrä und Partner, Stuttgart; W. Kunze, G. Langer
Fassadenberatung | Konstruktionsgruppe Wörle, Binswangen

Südlich des Hallenbaus der MPA, erreichbar über den Werkhof, steht die Großkomponenten-Prüfhalle. Ursprünglich nur für die Unterbringung der 100 MN-Großprüfanlage konzipiert, wurde noch während der Bauzeit ein zweiter Bauabschnitt für einen Prüfschachtkomplex genehmigt, der das Originaldruckgefäß eines 900 Mw Siedewasserreaktors aufnimmt. Die Dimensionierung der 15 m breiten und 51 m langen Halle wurden von den hohen statischen Belastungten beim Bauvorgang und während des laufenden Betriebs sowie den Maschinenabmessungen bestimmt. Da die Prüfkörper von oben in die 7 m hohe 100 MN-Zugprüfanlage eingeführt werden, läuft der 1,35 MN Brückenkran in einer Höhe von 16.40 m über der Erdgeschossebene, was zu einer Gesamthöhe der Stahlkonstruktion der Halle von 20 m führt. An den Giebelenden des Gebäudes kragen Kranbahntaschen aus, die es ermöglichen, die gesamte Hallenlänge mit dem Kranhaken zu bestreiten. Da bei den großen Horizontalkräften aus dem Ausfahren und Bremsen der Kranbahn gewisse Verformungen des Bauwerks unvermeidlich sind, wurde die tragende Konstruktion mit einer leichten, zweischaligen Hülle aus Stahltrapezblechen und walzblanken Aluminiumblech-Elementen verkleidet. Die Stahlbetonkonstruktion unterhalb der Erdgeschossebene wird hauptsächlich durch die Abmessungen des Unterbaus der 100 MN-Maschine definiert. Das 7 × 7 × 5 m große Maschinenfundament sitzt — durch eine Federn- und Stoßdämpferebene völlig vom Bau abgetrennt — auf einem starren Fundament, das 9.50 m tief gründet. Auf der gleichen Untergeschossebene konnte im daneben liegenden Grundrissfeld, geschützt durch 50 cm starke Stahlbetonwände, die neue Explosionszerreißmaschine untergebracht werden. Der zweite Bauabschnitt nimmt den zylindrischen Prüfschacht mit 11,5 m Innendurchmesser auf, der 20 m unter dem Erdgeschossniveau gründet und für 1 bar Innendruck bemessen ist. Hier liegen auch, 2,50 m über der Schachtkopfebene, die Bedienungs- und Messräume für den Betrieb der automatischen zerstörungsfreien Prüfsysteme im Schacht.

Großkomponenten-Prüfhalle der Staatlichen Materialprüfungsanstalt Stuttgart

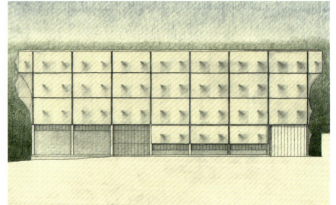
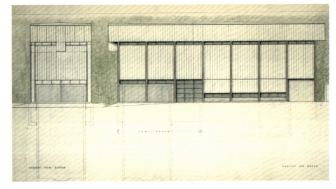

← S.100
Fassadenstudien

→
»Affinitäten«

Großkomponenten-Prüfhalle der Staatlichen Materialprüfungsanstalt Stuttgart

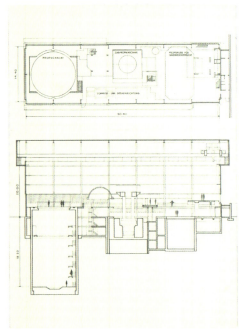

Diese Seite (unten)
Prüfschacht für
Innendruckversuche

→ S.103
10.000-Tonnen-Zer-
reissmaschine

Prüfstelle für Heizungs-, Lüftungs- und Klimatechnik, Stuttgart

1978—79
Bauleitung | H. Maier, Aichtal
Tragwerk | D. Woywodt, Böblingen
Fassadenberatung | Konstruktionsgruppe Wörle, Binswangen

Wissenschaft und Forschung spielen sich bisweilen in Bereichen von Wirtschaft und Industrie ab, vor allem, wo es um technologischen Fortschritt geht. Die Grenzen zwischen wissenschaftlicher Arbeit und Produktionsentwicklung sowie -analyse im weitesten Sinne verwischen zu Punkten, an denen Unternehmen kenntnisreicher sind als Wissenschaftsinstitute. Bauten für die Wissenschaft geraten typologisch dabei häufig zu Industriebauten. Auf dem Campus der Universität Stuttgart in Vaihingen steht folgerichtig manches Gebäude, das eher an ein Industriegebiet denn an eine Stätte der Lehre erinnert. Ein kleiner Bau birgt die Prüfstelle für Heizungs-, Lüftungs- und Klimatechnik der Institutsgemeinschaft Stuttgart. Für den Neubau der Versuchseinrichtung stand eine Restfläche im Bereich der zentralen Versorgungsanlagen zur Verfügung. Einzelne Prüf- und Versuchseinrichtungen sollten aus dem benachbarten Maschinenlabor ausgelagert werden und in diesem Neubau Platz finden. Büro- und Sozialräume des bestehenden Labors konnten weiterhin benutzt werden. Zusätzlich entstanden im kleinen Galeriegeschoss des Neubaus drei Büroräume. Für Prüfungen und Versuche des HLK-Institutes muss die Temperatur in den Versuchsräumen möglichst konstant bleiben. Das bedeutete einmal, dass große Speichermassen in allen Teilen der Tragkonstruktion vorhanden sein sollten; und dass zum zweiten die Zu- und Abstrahlung von Energie aus dem Umfeld minimiert werden mussten. Diese Forderungen wurden entwurfsbestimmend. Die Konsequenz lag in einem fensterlosen Raum, in den eigentlich kein Licht kommen sollte. Durch ein entwickeltes Fassadendetail sind aber dennoch über einen indirekten Weg Tageszeiten im Raum wahrnehmbar. Das Gebäude wurde in Ortbeton errichtet, erhielt eine äußere Wärmedämmung und eine hinterlüftete Außenverkleidung aus walzblankem Aluminiumblech. Dieses Aluminium eignet sich auch für Sockelzonen, denn Beschädigungen führen nicht gleich zu einem schäbigen Eindruck des Gebäudes. Wo die Büroräume an der Außenwand liegen, wurde nicht auf Fenster verzichtet. Vor den eigentlichen Fenstern in der Verkleidungsebene liegt, ebenfalls hinterlüftet, Einfachreflektionsglas.

Prüfstelle für Heizungs-, Lüftungs- und Klimatechnik, Stuttgart

Prüfstelle für Heizungs-, Lüftungs- und Klimatechnik, Stuttgart

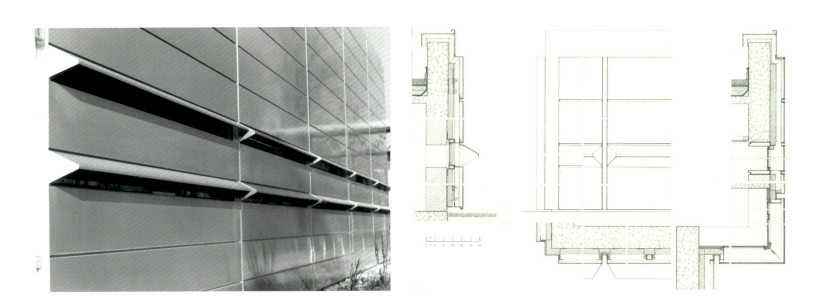

← S.108
Fassadendetail:
Indirektes
Tageslicht ohne
Energieeintrag
im Innenraum

→
Zweischaliger
Fassadenaufbau:
Isolierglas
mit vorgelagerten
Alulamellen,
bzw. Reflektions-
glas

Datenverarbeitungs- und Technologietransfer-Zentrum der MPA Stuttgart

1983—84
Bauleitung | H. Maier, Aichtal
Tragwerksplanung | Leonhardt-Andrä und Partner, Stuttgart: G. Langer

Der Erweiterungsbau für das Datenverarbeitungs- und Technologietransfer-Zentrum der MPA Stuttgart hat eine Gesamtlänge von 85 m. Die Bauwerkskonzeption ist weitgehend auf den Werkstoff Stahl abgestimmt, besonders auf den gestaltungsgerechten Einsatz von Mannesmann-Stahlbau-Hohlprofilen (MSH) für das weitgehend sichtbare Tragwerksskelett und die Stützen. Darüber hinaus bestehen die geschlossenen Fassadenteile außen aus beschichteten Profilblechen, die Innenwände aus Gipskarton mit Stahlrahmen. Konstruktiv und funktionell besteht der Erweiterungstrakt aber aus zwei verschiedenen Bauteilen, nämlich dem Rechnertrakt in Normalbauweise mit Keller und zwei Stockwerken sowie dem einen Parkplatz überspannenden Brückenteil von mehr als 60 m Länge mit außen liegenden Längsbindern. Rechnertrakt und Brückenteil sind durch eine Brandwand und Dehnfuge statisch wie auch in der Gestaltung voneinander getrennt, während die Alu-Dacheindeckung über beide Gebäudeteile durchläuft. Die Idee zur unterfahrbaren Überbrückung des vorhandenen Parkplatzes, der von der MPA außerdem als überdachter Material-Lagerplatz genutzt wird, entwickelte sich aus den begrenzten Bauplatzverhältnissen. Vorhandener Baumbestand durfte nicht angetastet werden; eine über den Parkplatz hinausgehende Baugeländeausdehnung schied aus. Die Bodenstützen, MSH-Profile der Abmessung 260 × 260 mm mit beanspruchungsgerechten unterschiedlichen Wanddicken, sind alle als Pendelstützen ausgebildet und im Rastermaß von 4,8 m aufgestellt. Im Dachbereich werden sie über Querträger zu Tragportalen verbunden, an denen der Brückentrakt über Zugstäbe aufgehängt ist. Das gesamte Brückenteil wird in der Längsachse von parallelgurtigen Fachwerkträgern unterstützt, die außen vor der Fassade verlaufen. Außerdem ist noch ein dritter Fachwerkträger, der die Gebäudehauptlast trägt, in Traktmitte über dem Flur eingebaut, um mit Rücksicht auf den Parkplatzverkehr mit möglichst wenigen Stützen auszukommen. Über Elastomerlager gelangen die Lasten in die beiden als Betonkerne ausgebildeten Treppenhäuser des Brückenteils sowie in die Brandwand zum Rechnertrakt.

Datenverarbeitungs- und TechnologietransferZentrum der MPA Stuttgart

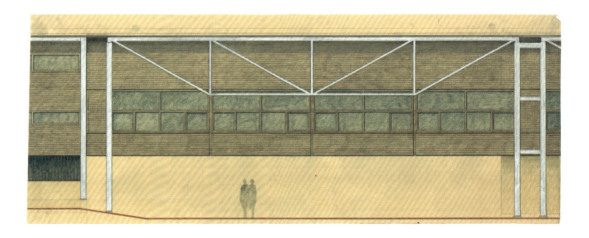

Projektvorstudie

MPA Komponentenprüfhalle 2 in Stuttgart

1987—89
Bauleitung | H. Maier, Aichtal
Tragwerksplanung | Leonhardt-Andrä und Partner, Stuttgart: G. Langer
Fassadenberechnungen | Sessle, Geislingen

Der Neubau für die Staatliche Materialprüfungsanstalt Stuttgart schafft sowohl für Berstversuche mit kleineren luftgekühlten Druckbehältern, als auch für zerstörungsfreie Prüfungen und Belastungsversuche an sehr großen Komponenten, die entsprechenden Arbeitsmöglichkeiten. Für beide Aufgabenstellungen wurde ein senkrechter zylindrischer Schacht (33,60 m tief) als günstigste Lösung ermittelt. Aus wirtschaftlichen Gründen musste davon ausgegangen werden, dass das Ein- und Ausbringen der Großprüfkörper durch mobile Kräne besorgt wird. Deswegen kann die über dem Schacht stehende, leichte Stahlbauhalle nach Süden hin verfahren werden, um die Öffnung des Schachtes für den Transport freizugeben. Den Antrieb leisten Elektromotoren mit stark untersetztem Getriebe, die Übersetzung folgt dem Prinzip der Zahnradbahn mit Ritzel. Zwei Zahnstangen sind parallel zur Verschieberichtung mit sehr geringen Toleranzen am Stahlbetonsockel montiert. Die Konstruktion liegt mit Edelstahlgleitblechen auf Präzisionsstahlprofilen, die mit kleinsten Toleranzen auf dem Stahlbeton aufsitzen. Ähnlich wie beim Taktschiebeverfahren im freien Vorbau bei Stahlbetonbrücken wird die Halle auf Teflongleitlagern, die sich an vier Knoten der Stahlkonstruktion befinden, verschoben. Im Normalfall dient diese Halle mit einem 20 t Hängekran als wettergeschützter Abladeraum für den Versuchsbetrieb. Untergeschosse und der Prüfschacht sind als Prüfbereiche konzipiert, die aus Sicherheitsgründen in geschlossenen Räumen unter der Erde liegen müssen, aber ständige Arbeitsräume darstellen. Da die Ladezone nicht geheizt ist und somit eine Einscheibenverglasung möglich war, lag der Gedanke nahe, eine sprossenlose Verglasung aus selbst tragenden Glastafeln mit justierbaren Distanzstücken direkt auf der Stahlkonstruktion zu befestigen. Wir haben ein dreiteiliges Klemmelement aus Aluminium-Sandguß entwickelt, das die Last an bauseits vorhandenen Gewindehülsen abgibt und in allen drei Achsen justierbar ist. Die Scheiben sind nun im Knotenbereich auf kleinen Konsolen konventionell geklotzt und geben an die Unterlagscheiben in den Klemmbacken ausschließlich Horizontalkräfte ab.

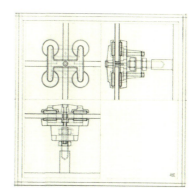

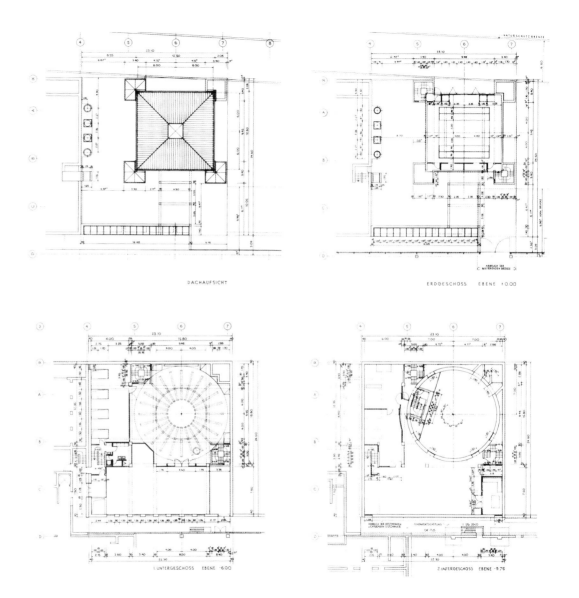

MPA Komponentenprüfhalle 2 in Stuttgart

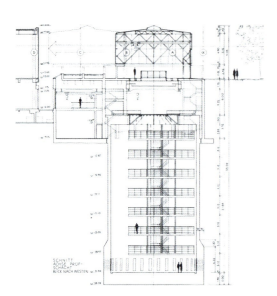

Tageslichteinfall
auf Ebene — 8,0 m

MPA Komponentenprüfhalle 2 in Stuttgart

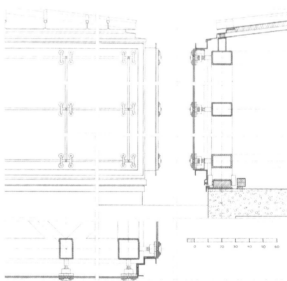

Dreiteiliges
Klemmelement aus
Aluminium-Sandguß

Verfügungsgebäude Universität Hohenheim

1991—93
Mitarbeit | M. Loebermann, P. Seger
Bauleitung | H. Maier, Aichtal
Tragwerk | Mandelbaum, Stuttgart

Das Verfügungsgebäude steht an der Fruwirthstrasse auf einem ehemaligen Versuchsfeld. Um die Grünfläche möglichst ungestört zu belassen, wurde der Bau an den südlichen Grundstücksrand parallel zu Strasse gestellt. Der lang gestreckte Bau erhielt dadurch eine klare Nord-Südorientierung. Das Gebäude besteht im Wesentlichen aus Laborflächen im nördlichen Teil und Büroflächen, die sich vorwiegend im südlichen Teil befinden. Gemeinschaftlich genutzte Flächen befinden sich jeweils an den Stirnseiten im Osten und Westen der Geschosse. Das Haupttragwerk besteht aus einer Stahlbetonskelettkonstruktion. Das Achsraster in Ost-Westrichtung besteht aus Feldern mit 3,60 m Breite. Eine Ausnahme besteht in den beiden Treppenhausbereichen mit einer Spannweite von 4,80 m. In Nord-Südrichtung ist das Gebäude in zwei Streifen mit 6,00 m Breite gegliedert. Die Lastabtragung erfolgt über zwei Stützenreihen im Randbereich. Die Mittelstützen besitzen beidseitig auskragende Konsolen, welche die Last der Unterzüge der Flachdecken übernehmen und in die Stützen übertragen. Vor den genannten Randstützen befinden sich ebenfalls Randunterzüge zur Lasteinleitung. Durch Konsolen und die Unterzüge wird es möglich, die freie Spannweite der Decken auf 6 m zu reduzieren und auf diese Weise eine sehr dünne Decke mit 20 cm zu erhalten. Die unterschiedlichen Nutzungen des Gebäudes sollen an der Fassade aufgrund ihrer unterschiedlichen Anforderungen ablesbar sein. Die Fassade vor den Labor- und Bürobereichen besteht zum einen aus einer hinterlüfteten Alublechfassade, zum anderen aus einem Fensterband in Pfosten-Riegelkonstruktion aus Aluminium. Die Besprechungszonen an den Enden des Gebäudes sind raumhoch verglast und mit einem feststehenden Sonnenschutz aus Aluminiumlamellen versehen. An die mittig gelegene Technikzentrale im Dachgeschoss schließen sich von beiden Seiten Glasdächer mit einer Neigung von 30 Grad an. Diese »Gewächshäuser« haben zum einen die Funktion des Klimapuffers für das Dachgeschoss, zum anderen übernehmen sie das Motiv der für Hohenheim typischen Gewächshäuser.

Verfügungsgebäude Universität Hohenheim

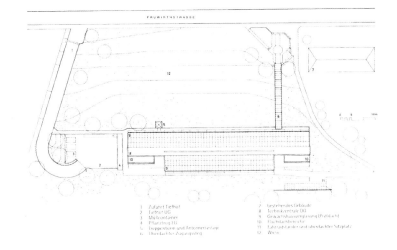

1 Zufahrt Tiefhof
2 Tiefhof UG
3 Müllcontainer
4 Pflanztrog EG
5 Treppenturm und Antennenanlage
6 Überdachter Zugangssteg
7 bestehendes Gebäude
8 Technikzentrale DG
9 Gewächshausvernässung (Flutlicht)
10 Flachdachbereich
11 Fahrradständer und überdachter Sitzplatz
12 Wiese

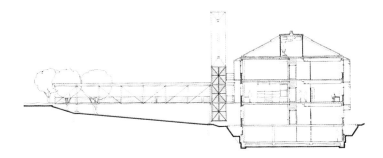

Gebäudeschnitt mit
Erschließungsprinzip

Verfügungsgebäude Universität Hohenheim

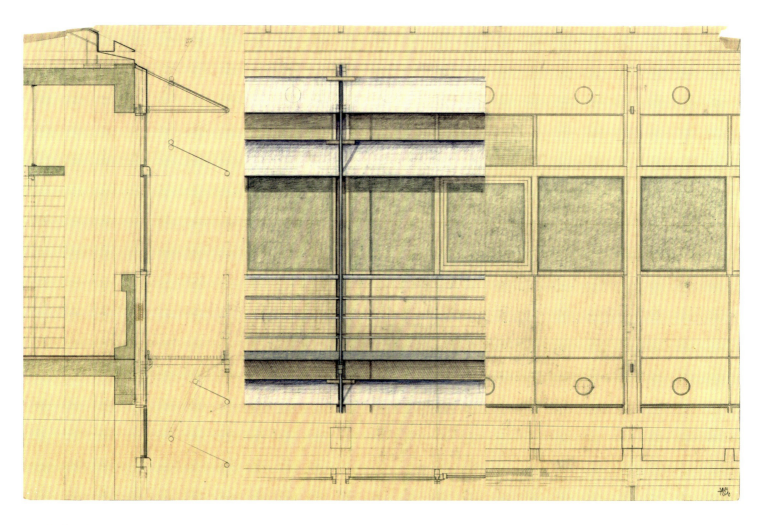

Fassadenstudien

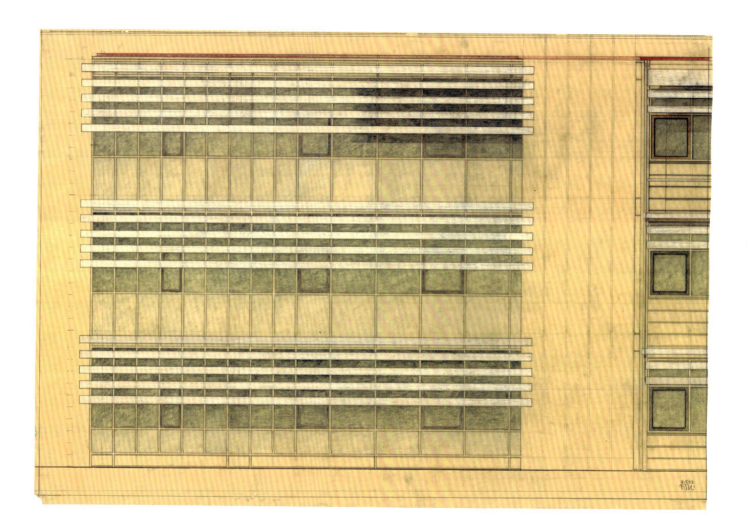

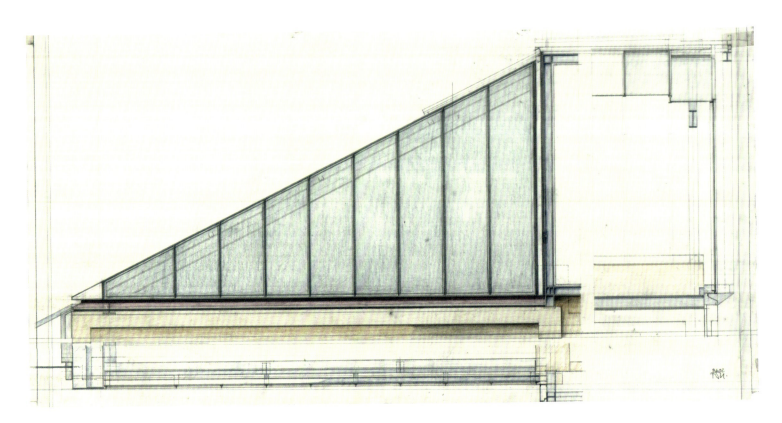

Studie zum
Gewächshausaufbau

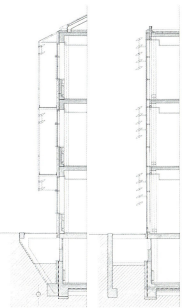

Verfügungsgebäude Universität Hohenheim

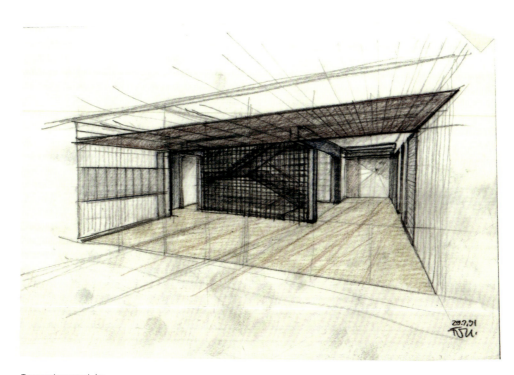

Treppenhauswand im
Eingangsbereich

Ausstellungshalle Deutsches Landwirtschaftsmuseum Hohenheim

1995—96
Bauleitung | H. Maier, Aichtal
Tragwerk | Leonhardt-Andrä und Partner, Stuttgart; Stephan, Gaildorf

Die Halle des Deutschen Landwirtschaftsmuseums liegt westlich des von der IGA nach Hohenheim versetzten Museumspavillons. Sie fügt sich in ein vom Universitätsbauamt erarbeitetes städtebauliches Gesamtkonzept ein, das von einem weiteren Wachstum des DLM ausgeht. Das Baumaterial Holz und die Traufhöhe des bestehenden Baus wurden übernommen. Um die geforderte größere Innenraumhöhe von minimal 6 m zu erreichen wurde der Neubau etwa 1 m tief eingegraben. Mit dem Aushubmaterial wurde das Gelände um die Halle so modelliert, dass keine Erdmaterialabfuhr notwendig wurde. Die ungeheizte und nicht wärmegedämmte Ausstellungshalle, mit einer nassgebundenen Feinschotterdecke als Bodenebene, lehnt sich mit den baulichen Mitteln stark an das landwirtschaftliche Bauen an. Die gleichen Randbedingungen hier wie dort (eine möglichst große überdachte Fläche mit einer vorgegebenen knappen Bausumme herzustellen) führten zu einer »Remise«, die durch das Einfügen größerer Lichteinfallsöffnungen für Ausstellungszwecke brauchbar gemacht wird. Der große Dachüberstand dient dem konstruktiven Holzschutz und soll doch auch an die weit ausladenden Vordächer vieler Gehöfte im Südwesten erinnern. Das zentrale Oberlicht gewährt eine gute Ausleuchtung mit diffusem Licht. Ein Lichtband im oberen Wandbereich hellt mit direkter und (mit Hilfe von Lichtlenkflächen) auch indirekter Belichtung die Randzonen auf. Ein schmales Fensterband auf Augenhöhe stellt die Außenbeziehung her und bietet auf der Südseite einen Panoramablick auf den Albtrauf. Die Pendelstützen in der Wandebene, die Dach-, Grat- und Abfangträger, die Oberlichtkonstruktion und die Wandriegel sind aus gehobeltem BS-Holz gefertigt. Die Nadelholzpfetten sowie die darauf angebrachte Brett-Dachschalung blieben sägerauh. Die Aussteifung des Skelettbaus erfolgt durch Rundstahl-Diagonalverbände in den Endfeldern der Außenwände sowie durch Einspannung der vier Stahlbetonhauptstützen im Inneren der Halle. Die Holzpendelstützen ruhen auf einem umlaufenden, frosttief gegründeten Streifenfundament. Die Betonbrüstungswand nimmt den Erddruck auf, der sich aus der Absenkung der Halle ergibt.

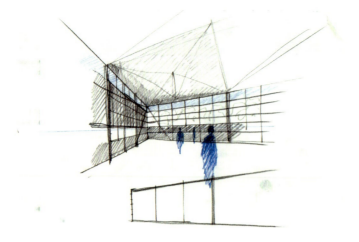

Vorstudie

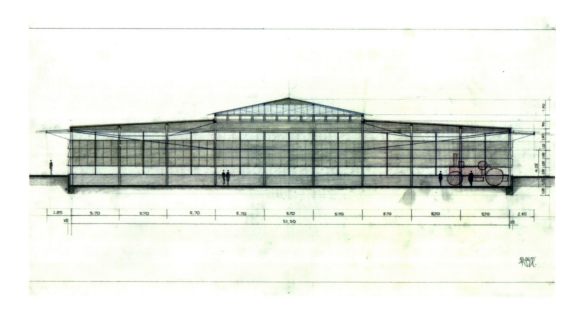

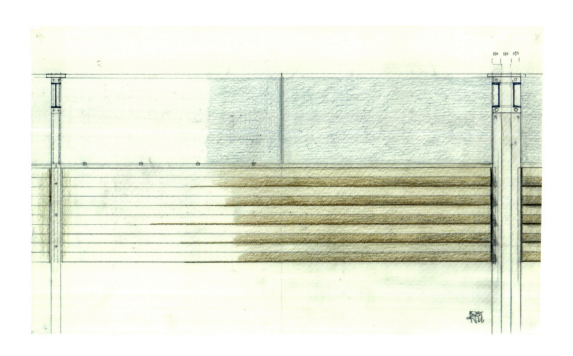

Vita

1931	am 12. April in Naila (Oberfranken) geboren
1950	Abitur an der Oberrealschule Hof
1950—56	Architekturstudium an der TH Stuttgart
1951—52	Fulbright Stipendium am Claremont Men's College (USA), Studium der Malerei und Bildhauerei
1956—57	Mitarbeit im Büro Prof. Günter Wilhelm in Stuttgart
1957—58	Architekturstudium am IIT als »Graduate Student«
1958—60	Mitarbeit im Büro Ludwig Mies van der Rohes in Chicago
1961—71	Architekt im Universitätsbauamt Stuttgart
1971	Bürogründung
1973	Beginn Lehrtätigkeit am Institut für Baukonstruktion, Universität Stuttgart
1980	Ernennung zum Honorarprofessor am Institut für Baukonstruktion, Lehrstuhl 2 der Universität Stuttgart
1984—87	External Examiner an der Architekturfakultät des University College Dublin, Irland

Seit 1961 verheiratet mit Josette Amiguet, 1 Sohn, 1 Tochter

Auszeichnungen

1971	Paul Bonatz Preis der Stadt Stuttgart Staatliche Materialprüfungsanstalt (MPA)
1979	Anerkennung — Paul Bonatz Preis der Stadt Stuttgart Prüfstelle Heizung-Lüftung-Klimatechnik
1981	Anerkennung — Mies van der Rohe Preis Grosskomponenten-Prüfhalle der MPA
1990	Constructa-Preis für Industrielle Architektur in Europa Komponentenprüfhalle 2 der MPA
1990	Mies van der Rohe Preis Komponentenprüfhalle 2 der MPA

Abbildungsnachweis

Jürgen Braun, Stuttgart
S.45

Fritz Dressler, Warmbronn
S.92; S.94—95

Gert Elsner, Stuttgart
S.114

Roland Halbe, Stuttgart
S.125; S.129—30; S.132; S.136—139

Gottfried Planck, Stuttgart
S.8; S.32 (rechts); S.35; S.72; S.77—80; S.85—87; S.98; S.101 (unten); S.102—104; S.106—109

Dieter Schaich, München
S.22

Klaus Schmiedek, Stuttgart
S.140 (unten)

Universität Stuttgart — Institut für Baukonstruktion, Lehrstuhl 2
S.37

Ana Wagner, Stuttgart
S.41; S.44; S.62; S.65; S.144

Alle übrigen Fotos sowie Zeichnungen: Friedrich Wagner